FORUM DEUTSCHE GESCHICHTE 5

Beatrix Erhard

Widerstand und Außenpolitik

Vorstellungen und Konzeptionen im Umkreis des 20. Juli

m press

Die vorliegende Arbeit wurde von der Philosophischen Fakultät II der Julius-Maximilians-Universität Würzburg 1995 als Magisterarbeit angenommen.

Die Deutsche Bibliothek verzeichnet diese Publikation in der Deutschen Nationalbibliografie; detaillierte bibliografische Daten sind im Internet über http://dnb.ddb.de abrufbar.

© 2004 Martin Meidenbauer
Verlagsbuchhandlung, München

Alle Rechte vorbehalten. Dieses Werk einschließlich aller seiner Teile ist urheberrechtlich geschützt. Jede Verwertung außerhalb der Grenzen des Urhebergesetzes ohne schriftliche Zustimmung des Verlages ist unzulässig und strafbar. Das gilt insbesondere für Nachdruck, auch auszugsweise, Reproduktion, Vervielfältigung, Übersetzung, Mikroverfilmung sowie Digitalisierung oder Einspeicherung und Verarbeitung auf Tonträgern und in elektronischen Systemen aller Art.

Gedruckt auf
chlorfrei gebleichtem, säurefreiem und alterungsbeständigem Papier (ISO 9706)

ISBN 3-89975-483-2

Verlagsverzeichnis schickt gern:
Martin Meidenbauer Verlagsbuchhandlung
Erhardtstr. 8
D-80469 München

www.m-verlag.net

Inhaltsverzeichnis

1. Einleitung 7
   1.1 Inhalt 7
2. Außenpolitik bis 1938 – Gemeinsamkeiten und Unterschiede in den Vorstellungen von Hitler und den oppositionellen Gruppen um Goerdeler/Beck 12
   2.1 Die nationalkonservative Opposition seit der „Machtergreifung" 12
   2.2 Exkurs: Hitlers außenpolitische Vorstellungen und Konzepte 17
   2.3 Revisionismus und konservatives Großmachtdenken in der nationalkonservativen Opposition bis zur Sudentenkrise 39
3. Die zentralen Themen in der Widerstandsaußenpolitik 1940–1944 48
   3.1 Europakonzepte bis 1943 49
      3.1.1 Das Europabild der „Honoratioren" zu Beginn des Zweiten Weltkrieges 49
      3.1.2 Die Auswirkungen des Hitler-Stalin-Paktes 58
   3.2 Die Kreisauer Europakonzepte 65
      3.2.1 Zu den außenpolitischen Grundsätzen des Kreisauer Kreises 65
      3.2.2 Europakonzepte zu Beginn des Krieges 69
      3.2.3 Die Denkschrift „Ausgangslage, Ziele und Aufgaben" von 1941 76
4. Die Deutschlandpolitik der Alliierten und deren Auswirkung auf die Konzepte des Widerstandes 96
   4.1 Die Deutschlandpolitik der westlichen Alliierten und die außenpolitischen Vorstellungen des Widerstandes: Eine tragische Kombination 96
   4.2 Die alliierte Forderung von 1943 nach „Unconditional Surrender" und deren Auswirkungen auf die Konzepte des Widerstandes 105
      4.2.1 Die Honoratioren 109
      4.2.2 Die Kreisauer 114
5. Die Rolle des Ostens in den außenpolitischen Vorstellungen und Konzepten des Widerstandes 126

5.1 Die Honoratioren und der Osten 126

5.2 Die Kreisauer und der Osten 142

6. Die Auseinandersetzungen zwischen Kreisauern und Honoratioren –
Eine Synthese der außenpolitischen Vorstellungen? 152

6.1 Honoratioren und Kreisauer – ein schwieriges Verhältnis 152

6.2 Haben sich Kreisauer und Honoratioren in ihren außenpolitischen
Vorstellungen gegenseitig beeinflusst? 155

7. Schlussbetrachtung 167

8. Quellen- und Literaturverzeichnis 173

1. Einleitung

1.1 Inhalt

Jahrzehnte nach dem Scheitern des Staatsstreichs vom 20. Juli 1944 bliebt die Beschäftigung mit dem deutschen Widerstand ein schwieriges Thema. Dies wurde zum Beispiel an den Kontroversen um die Neukonzeption der ständigen Ausstellung „Widerstand gegen den Nationalsozialismus" im Bendlerblock in Berlin deutlich.[1] Auch die bereits im Jahr 1994 anlässlich des 50-jährigen Jubiläums des 20. Juli wieder aufgeflammte Diskussion über Antisemitismus im nationalkonservativen Widerstand zeigt, dass um das Bild des Widerstandes im Bewusstsein der Gegenwart noch immer gerungen wird.[2]

Die Erfolglosigkeit des Widerstandes im Umkreis des 20. Juli – dessen Angehörige die einzige realistische Chance hatten, Hitler zu beseitigen und aktiv in die politischen Geschicke Deutschlands einzugreifen – hat diesem den Vorwurf eingetragen, letztlich an sich selbst gescheitert zu sein. Dies gilt besonders für die Vorstellungen und Konzeptionen, die die Grundlage für die Außenpolitik des „neuen" Deutschlands bilden sollten: Sie konnten niemals an der Realität erprobt werden.

Die Intensität, mit der im Widerstand nicht nur über eine Neuordnung Deutschlands, sondern ganz Europas nachgedacht wurde, bezeichnete der konservative Publizist Joachim Fest abwertend als einen „Rückzug aus

---

[1] Siehe hierzu eine Aufsatzsammlung von Peter Steinbach: Widerstand im Widerstreit. Der Widerstand gegen den Nationalsozialismus in der Erinnerung der Deutschen, Paderborn/ München/Zürich 1994.
[2] Christof Dipper: Der 20. Juli und die „Judenfrage", in: Die Zeit 27 (1. Juli 1994). Eine Entgegnung darauf von Peter Hoffmann: Sie erhoben sich, weil sie die Morde nicht dulden wollten, in: Frankfurter Allgemeine Zeitung 162 (15. Juli 1994).

der Realität".³ In letzter Konsequenz, so schrieb Fest, seien die außenpolitischen Zukunftspläne vergebens gewesen, „weil niemand daran anknüpft, niemand sich darauf berufen und, über die marginalen Gruppen der Fachleute hinaus, kaum einer überhaupt davon gewußt hat." Diese allein auf die Tat ausgerichtete Rezeption des 20. Juli muss natürlich in dessen außenpolitischen Konzeptionen eine vergebliche Anstrengung sehen und letztlich einen Grund für sein Versagen. Obwohl sich Fest im Grunde selbst widerspricht, wenn er gleichzeitig das Vermächtnis eines „antitotalitären Konsenses" würdigt, welches der Widerstand der Bundesrepublik hinterlassen habe.⁴ Denn vor allem die Überlegungen zur Neuordnung Europas und die Gründung einer Union europäischer Staaten, um die verhängnisvolle Tradition der „Balance of Powers" endlich zu überwinden, dürfen als zukunftsweisend gelten. Einige Überlegungen erscheinen auch aus der „europäischen" Perspektive der Gegenwart äußerst progressiv, wie diese Arbeit zeigen wird.

Der Ansicht Fests kann nur ein Gedanke Peter Steinbachs, des Leiters der Gedenkstätte des Deutschen Widerstandes, entgegen gehalten werden. Steinbach fordert die intensive Auseinandersetzung mit den geistigen Grundlagen des Widerstandes, denn gerade diese verweisen „in ihren breiten Dimensionen, in Werten und Zielen auf eine Gesellschaft, die ihre Gefährdungen kennt und deshalb ihre Grenzen akzeptiert. Die Geschichte des Widerstands ist so ein Exempel politischer Philosophie und strahlt durch die enge Verbindung zwischen Denken und Handeln, zwischen Wollen und Tun in einer Weise bis in die Gegenwart aus, die jeden, der sich auf die

---

³ Joachim Fest: Die symbolische Tat, in: Frankfurter Allgemeine Zeitung 163 (16. Juli 1994).
⁴ Ebd.

Schicksale, Motive und Ziele des Widerstands einlässt, in den Bann zieht."[5] In diesem Sinne soll diese Arbeit einen Beitrag zum besseren Verständnis gegenüber dem Widerstand leisten. Denn ohne die Bereitschaft verstehen zu wollen – also sich auf die Vorstellungen des Widerstandes im Umkreis des 20. Juli einzulassen – können Motivationen und Ziele des Widerstandes weder gewürdigt noch angemessen in die Geschichte und Gegenwart eingeordnet werden.

Zweifellos ist es nicht möglich, die außenpolitischen Vorstellungen und Konzeptionen des Widerstandes unter denselben Gesichtspunkten zu beschreiben, zu kritisieren und zu würdigen, die normalerweise bei der Untersuchung der Außenpolitik einer „legitimen" Regierung angewendet werden würden. Hier muss den besonderen Umständen – besonders einer fast vollkommenen Isolierung im In- und Ausland – Rechnung getragen werden, in denen sich der deutsche Widerstand befand.

Im Umkreis des 20. Juli gab es bekanntlich zwei Gruppen, die sich mit Konzeptionen für die Zukunft Deutschlands und Europas befassten: die nationalkonservative Gruppe um Ludwig Beck, Carl Goerdeler und Ulrich von Hassell sowie den christlich-liberalen und sozialdemokratisch geprägten „Kreisauer Kreis" um Helmuth Graf James von Moltke, Adam von Trott zu Solz, Julius Leber unter anderem. Da jede der beiden Gruppen in ihren Auffassungen, Strukturen und Vorgehensweisen spezifische Unterschiede aufwies, sollen sie auch hinsichtlich ihrer außenpolitischen Vorstellungen und Konzeptionen, die zudem teilweise erheblich voneinander abwichen, getrennt von einander betrachtet werden.

---

[5] Steinbach: Widerstand, S. 16.

Einleitung

In der vorliegenden Arbeit sollen die zentralen Gesichtspunkte der „Widerstandsaußenpolitik" diskutiert werden. Die Auswahl der Themen erfolgte nach drei unterschiedlichen Kriterien. Am wichtigsten ist die Analyse der von den Angehörigen beider Gruppen verfassten Denkschriften, Briefe, Tagebücher etc. und schließlich von Interviews und Memoiren der Überlebenden des 20. Juli. Es sollen die darin aufgeworfenen außenpolitischen Fragestellungen und angestrebten Lösungswege untersucht werden. Weiter sind die in der späteren Forschung aufgegriffenen Problemstellungen einzubeziehen. Dabei geht es um Fragestellungen wie zum Beispiel diejenige nach der Bedeutung der alliierten Forderung nach der „bedingungslosen Kapitulation". All dieses muss schließlich vor dem Hintergrund des chronologisch vorgezeichneten Weges bis zum 20. Juli 1944 betrachtet und mit diesem in einen logischen Zusammenhang gebracht werden.

Die außenpolitischen Zielvorstellungen der deutschen Oppositionellen stellen, wie gesagt, kein homogenes Gedankengebäude dar. Diejenigen, die sich innerhalb des Widerstandes intensiv mit Außenpolitik beschäftigten, waren überwiegend – mit Ausnahme von Goerdeler und Moltke – professionelle Außenpolitiker, die im „Dritten Reich" glänzende Karrieren hätten machen können – wenn sie gewollt hätten. Innerhalb ihres Arbeitsfeldes hatten sie persönliche Schwerpunkte ausgebildet, die natürlich auch in ihre Widerstandsarbeit einflossen.[6] Diese breit gefächerten Zielsetzungen und

---

[6] So beschäftigte sich Ulrich von Hassell speziell mit der deutschen Politik gegenüber Südosteuropa und damit zusammenhängend mit dem deutsch-italienischen Verhältnis. Siehe hierzu Manfred Asendorf: Ulrich von Hassells Europakonzeption und der Mitteleuropäische Wirtschaftstag, in: Jahrbuch des Instituts für deutsche Geschichte 7 (1978), S. 387–419. Adam von Trott hatte sich durch ein Stipendium in Oxford (1931–1933) zum Englandexperten entwickelt und daneben auch eingehend mit dem Fernen Osten beschäftigt. Siehe hierzu Henry O. Malone: Adam von Trott zu Solz. Werdegang eines Verschwörers 1909–1938 (Deutscher Widerstand 1933 bis 1945. Zeugnisse und Analysen, hg. v. Karl Othmar von Aretin, Ger van Roon und Hans Mommsen), dt. Ausgabe Berlin 1986, S. 56–104 u. 174–212; sowie Clarita von Trott zu Solz: Adam von Trott zu Solz. Eine Lebensbeschreibung (Schriften der Gedenkstätte Deut-

Einzelleistungen können im hier gegebenen Rahmen nicht ausführlicher behandelt werden. Auch die Quellen zeigen keineswegs ein allumfassendes außenpolitisches Programm auf, wie es etwa von einer politischen Partei erwartet werden würde. Die außenpolitischen Konzepte tragen vielmehr den „unnormalen" Umständen Rechnung, das heißt sie sollten lediglich eine Richtlinie für das „Danach" sein: ein Deutschland nach dem Nationalsozialismus und nach dem Krieg.[7]

Im Mittelpunkt der außenpolitischen Überlegungen standen Deutschlands Stellung in Europa und schließlich, als weiterführende Überlegung, Europas Stellung in der Welt. Der Verlauf des Krieges übte natürlich einen entscheidenden Einfluss aus, da die Verschlechterung der Lage eine Anpassung der außenpolitischen Konzepte erforderte. Die künftige Friedenssicherung in Europa und die Gedanken über ein friedliches Zusammenleben seiner großen und kleinen Völker erlangten schließlich oberste Priorität.

---

scher Widerstand, Reihe B: Quellen und Berichte), hg. v. Peter Steinbach u. Johannes Tuchel, Bd. 2, Berlin 1994, S. 54–59 u. 94–116.
[7] So sind in den Denkschriften des Kreisauer Kreises ein großer Teil der Vorstellungen und Gedanken als Frage formuliert. Z.B. in Moltkes Denkschrift „Ausgangslage, Ziele und Aufgaben" (24. April 1941) in Ger van Roon: Neuordnung im Widerstand. Der Kreisauer Kreis innerhalb der deutschen Widerstandsbewegung, München 1967, S. 507ff.

2. Außenpolitik bis 1938 – Gemeinsamkeiten und Unterschiede in den Vorstellungen von Hitler und den oppositionellen Gruppen um Goerdeler/Beck

2.1 Die nationalkonservative Opposition seit der „Machtergreifung"

Zunächst soll die Entwicklung der nationalkonservativen Opposition bis 1938 kurz untersucht werden, da dies die Voraussetzung für ein späteres Verständnis ihrer Reaktionen auf Hitlers Politik ist.

Der Sammelname „Nationalkonservative" bzw. „alte Eliten" bezieht sich auf die konservative Staatsbürokratie, Generalität und Diplomatie der Weimarer Republik, die Hitler 1933 den Weg zur Macht ebneten. Die Opposition gegen Hitler im Umkreis des 20. Juli, deren außenpolitische Vorstellungen und Konzepte in dieser Arbeit behandelt werden, stammte fast ausnahmslos aus dem nationalkonservativen und christlich-konservativen Milieu. Zwar war die nationalkonservative Opposition kein „monolithischer Block"[8], da die komplexe Struktur dieser Gruppe jede Etikettierung verbietet, doch praktizierten alle Oppositionellen als „kompetente Fachmänner"[9] ihren Widerstand aus mehr oder weniger hohen Positionen innerhalb des NS-Regimes heraus.

Woher kamen diese Nationalkonservativen und was bewegte sie zunächst zur Zusammenarbeit mit den Nationalsozialisten? Die bis 1939 aktivste Gruppe um Ludwig Beck und Carl Friedrich Goerdeler gehörte zu

---

[8] Klaus-Jürgen Müller: Nationalkonservative Eliten zwischen Kooperation und Widerstand, in: Jürgen Schmädeke u. Peter Steinbach (Hg.): Der Widerstand gegen den Nationalsozialismus. Die deutsche Gesellschaft und der Widerstand gegen Hitler, 3. Aufl., München /Zürich 1994, S. 24–47, S. 34.
[9] Bernd-Jürgen Wendt: Konservative Honoratioren – eine Alternative zu Hitler? Englandkontakte des deutschen Widerstandes im Jahre 1938, in: Dirk Stegmann u.a. (Hg.): Deutscher Konservatismus im 19. und 20. Jahrhundert. Festschrift für Fritz Fischer, Bonn 1983, S. 347–367, S. 385.

der noch an der Wilhelminischen Ära orientierten alten Führungsschicht, die bekanntlich ihren Einfluss in der Weimarer Republik behielt. Die alte deutsche Führungsschicht stellte jedoch keinen Stand im üblichen Sinne dar, „keinen in Traditionen verwurzelten oder durch gemeinsame Grundprinzipien verbundenen Adelsstand – sondern eine Kaste, eine Interessengruppe, die innerlich morsch war".[10] Von dem Bund mit Hitler, der im Januar 1933 schließlich zur „Machtergreifung" führte, erhofften sich die „alten Eliten" wechselseitige Vorteile. Während Hitler trotz seiner Basis in den Massen ohne die Hilfe der etablierten, konservativen Schicht aus eigener Kraft nicht an die Macht gelangen konnte, war den traditionellen Eliten die Basis in der Gesellschaft zunehmend entglitten. Die Verfechter einer Allianz mit der Hitler-Bewegung in ihren Reihen hofften daher, diese Grundlage im Bund mit Hitler wiederzufinden und ihre zwei zentralen politischen Zielsetzungen verwirklichen zu können[11]: innenpolitisch die Sicherung und Festigung der seit der Revolution von 1918/19 als besonders bedroht empfundenen traditionellen Machtposition durch eine neue Massenbasis im Rahmen eines autoritären Systems. Im Bereich der Außenpolitik erhofften sie die Wiederherstellung der Großmachtstellung Deutschlands in der Welt.[12]

Hitler mit seinem ausgeprägten Machtinstinkt nutzte die Hoffnungen der traditionellen Führungsschicht geschickt aus und konstruierte die Formel der „zwei Säulen", auf denen der neue Staat ruhen sollte: auf der Ar-

---

[10] Hugh R. Trevor-Roper: Hitlers Kriegsziele, in: VZG 8 (1960), S. 121–133, S. 127.
[11] Müller: Eliten, S. 26.
[12] Der Fragekomplex zu Verwicklungen, Mitschuld und Verantwortung der „alten Eliten" im „Dritten Reich" ist in den letzten Jahren intensiv in der Forschung untersucht worden. Vgl. u.a. Martin Broszat u. Klaus Schwabe: Die deutschen Eliten und der Weg in den Zweiten Weltkrieg, München 1989; Christof Dipper: Der deutsche Widerstand und die Juden, in: GG 9 (1983), S. 349–380.

mee und auf der Partei.¹³ Diese Formel wurde vom Establishment begeistert aufgenommen, da es glaubte, dadurch seinen Einfluss im Staat durch die Armee, die von den alten Eliten traditionell dominiert wurde, gesichert zu haben. Die Unterstützung Hitlers durch die Nationalkonservativen hat also maßgeblich zur Stabilisierung des Regimes und zu dessen Akzeptierung in bürgerlich-konservativen Kreisen beigetragen.

In den Jahren nach der „Machtergreifung" wurde das Verhältnis zwischen den Nationalkonservativen, die sich als die eigentlich regierungserfahrenen und staatstragenden Elemente ansahen, von der Erfüllung bzw. Enttäuschung ihrer Erwartungen geprägt.¹⁴ Vor allem aber betrachteten sie die Zusammenarbeit mit den Nationalsozialisten als so wichtig, dass sie über „vermeintlich partikulare Negativerscheinungen des Regimes"¹⁵ hinwegsehen zu müssen glaubten. Der NS-Staat wurde von den alten Eliten also zunächst nicht als etwas grundlegend Neues oder Andersartiges empfunden, sie sahen darin nicht etwa die Umsetzung des Idealbildes eines „völkischen Staates in die reale Wirklichkeit", und zwar „unabhängig von den bisherigen Mächten des öffentlichen Lebens", wie Hitler in „Mein Kampf" ausdrücklich vermerkte.¹⁶ Die Nationalkonservativen betrachteten sich vielmehr als Bewahrer Bismarckscher und Wilhelminischer Tradition. Vor allem in ihren außenpolitischen Interessen, wie noch zu zeigen sein wird. In dieser Kontinuität deutscher Tradition stehend¹⁷ waren sie Hitlers

---

[13] Müller: Eliten, S. 26.
[14] Klaus-Jürgen Müller: Zu Struktur und Eigenart der nationalkonservativen Opposition bis 1938, in: Schmädeke, Steinbach: Widerstand, S. 329–344, S. 330.
[15] Müller: Eliten, S. 30.
[16] Adolf Hitler: Mein Kampf, 68. Aufl., München 1933, sehr aufschlussreich hier das 5. Kapitel „Weltanschauung und Organisation", S. 504ff.
[17] Zum Kontinuitätsproblem in der deutschen Geschichte vgl. den maßgeblichen Aufsatz von Andreas Hillgruber: Kontinuität und Diskontinuität in der deutschen Außenpolitik von Bismarck bis Hitler [1969], in: Gilbert Ziebura (Hg.): Grundfragen der deutschen Außenpolitik seit 1871 (Wege der Forschung, Bd. 315), Darmstadt 1975, S. 15–47.

totalitärem Staatsverständnis nicht gewachsen. Die in der Tradition des „Normenstaates", wie Ernst Fraenkel es in seiner Theorie vom „Dritten Reich" als „Doppelstaat"[18] formulierte, stehenden alten Eliten zogen gegen den irrationalen nationalsozialistischen „Maßnahmenstaat" den Kürzeren. Die Parallelexistenz dieser beiden Systeme nach der „Machtergreifung" beließ viele Nationalkonservative in der Illusion, noch Einfluss zu haben, auch wenn sie zunehmend kritischer gegenüber Hitler wurden. Hitler aber dachte, wie schon erwähnt, nicht daran, die Macht mit irgendjemandem zu teilen, und versuchte mit der zunehmenden Konsolidierung des NS-Staates, den Einfluss der alten Eliten zurückzudrängen.

In der zweiten Hälfte der dreißiger Jahre, als Hitler sich zunehmend auf die Außenpolitik konzentrierte, schob er die Vorstellungen und Wünsche seiner ehemaligen Regierungspartner mit bemerkenswert geringer Rücksicht beiseite. Die höchstpersönliche Entschlussbildung Hitlers in fast allen relevanten Stadien der deutschen Außenpolitik in den Jahren vor dem Krieg wird nach Broszat durch eine Reihe bemerkenswerter Charakteristika unterstrichen, die helfen, das Problem des Einflussverlustes konservativer Mitträger der Macht in Wehrmacht, Diplomatie und Wirtschaft zu erklären:

> „- die Einsamkeit der Entschlüsse Hitlers, der sich, um ‚Geschichte' zu machen, immer wieder aus dem politischen Tagesgeschehen Berlins in die entrückte Welt seines Berghofs zurückzog;
>
> - die späte, nur partielle und ganz unzulängliche Unterrichtung der wichtigsten Behörden- und Organisationschefs des Dritten Reiches über solche weitgehenden Entschlüsse sowie der rapide Verfall jeglicher kollegialen Beratung in dem zunehmend auf Hitler ausgerichteten und fragmentierten politisch-administrativen System des NS-Regimes;

---

[18] Ernst Fraenkel: Der Doppelstaat, Frankfurt a. Main / Köln 1974, S. 21ff.

- die mit der wachsenden Absolutsetzung Hitlers und seiner Abkehr von geregelten Formen kollegialer Regierung gleichfalls wachsende Intransigenz und Radikalität seiner Zielsetzungen (...)"[19]

Die außenpolitischen Aktivitäten und Pläne Hitlers wurden, neben einem zunehmenden Bewusstsein für die Konkurrenz der eigenen Machtposition durch den Aufstieg nationalsozialistischer Organisationen (insbesondere der SS), somit für die hier relevanten oppositionellen Gruppen zur Bruchstelle ihres Bündnisses mit dem Diktator. Sie fühlten sich trotz partieller Übereinstimmungen, vor allem in der Revisionspolitik, nicht genügend konsultiert und überrumpelt. Dies hing vor allem damit zusammen, dass die weit reichenden außenpolitischen Ziele Hitlers in ihrem ganzen Ausmaß nicht begriffen wurden, vielleicht gar nicht begriffen werden konnten, da sie etwas ganz Neuartiges in der deutschen Tradition darstellten und sich eben nur partiell mit den Zielen der Nationalkonservativen deckten. Um die Kluft, aber auch die Übereinstimmungen, mit Hitlers „Lebensraum"-Konzeption zu verdeutlichen, sollen in dem folgenden Exkurs diese Vorstellungen dargelegt und anschließend mit denen der Nationalkonservativen verglichen werden.

---

[19] Martin Broszat: Der Zweite Weltkrieg: ein Krieg der „alten" Eliten, der Nationalsozialisten oder der Krieg Hitlers?, in: Broszat, Schwabe: Eliten, S. 64.

2.2 Exkurs: Hitlers außenpolitische Vorstellungen und Konzepte

Hitlers außenpolitische Konzeptionen waren in ihren Ursprüngen keinesfalls originär. Den Boden für Hitlers Weltanschauung bereitete „alldeutsches" und „völkisches" Gedankengut, das im wilhelminischen Kaiserreich in weiten Kreisen verbreitet war. Hitlers Selbstverständnis als „deutscher Nationalist"[20], welches in der Anfangsphase noch vor allen anderen Überzeugungen stand, wird besonders an seiner Übersiedlung von Wien nach München im Jahre 1913 und durch Hitlers Teilnahme am Ersten Weltkrieg auf deutscher Seite deutlich. Der Erste Weltkrieg prägte Hitlers weitere Weltanschauung einschneidend.

Die im Folgenden zu besprechenden neu aufkommenden Zielvorstellungen der deutschen Außenpolitik während des Ersten Weltkrieges, d.h. die Ablösung früherer Zielsetzungen durch qualitativ andere, befinden sich sehr nahe an Hitlers späterem „Programm", ohne jedoch schon „das entscheidende Signum der Hitlerschen Zielsetzung zu tragen".[21] Sozialdarwinistisches Denken gewann im Verlauf des Krieges immer größeren Einfluss auf die deutsche Führungsspitze, sodass sich am Ende schließlich zwei Gruppen gegenüber standen: die Reichsregierung unter Reichskanzler Bethmann Hollweg sowie die 3. Oberste Heeresleitung unter Hindenburg und (dem eigentlich führenden Kopf) Ludendorff.[22] Bethmann Hollwegs traditionelles Streben nach der „Sicherung der außenpolitischen Handlungsfreiheit und der militärischen Bündnisfähigkeit des Reiches im Rah-

---

[20] Der erste Satz in einem Hitlerschen Aufsatz zur Politik der NSDAP lautet „Ich bin deutscher Nationalist". Hitlers Zweites Buch. Ein Dokument aus dem Jahre 1928, eingel. und komm. v. Gerhard L. Weinberg, Stuttgart 1961, S. 78.
[21] Andreas Hillgruber: Deutschlands Rolle in der Vorgeschichte der beiden Weltkriege, 2. erg. Aufl., Göttingen 1979, S. 58.
[22] Amtsantritt der 3. OHL Ende August 1916. Nach dem Sturz Bethmann Hollwegs im Juli 1917 herrschte bis Kriegsende eine „Quasi-Diktatur" Ludendorffs. Ebd. S. 59.

men des wechselvollen Kräftespiels der Großmächte in einem prinzipiell auf Frieden als Normalzustand gerichteten europäischen Staatensystems"[23] stand Ludendorffs Überzeugung gegenüber: „Ein Friede, der nur den Status quo gewährleistet, würde bedeuten, daß wir den Krieg verloren hätten."[24] Ludendorff und andere führende Kräfte gingen von einem permanenten, durch Waffenstillstände lediglich unterbrochenen Kriegszustand zwischen den zur Weltmachtposition strebenden europäischen Großmächten aus.[25] In diesem Ringen hätten nur diejenigen Mächte eine Chance, die mit einer erheblichen Raum- und Machterweiterung aus dem gegenwärtigen Krieg hervorgingen. Der „Status quo ante 1914 bedeutete in dieser Sicht bereits einen Abstieg, der früher oder später zur weltpolitischen Bedeutungslosigkeit der betreffenden früheren Großmacht führen mußte."[26]

Auch die für unseren Zusammenhang wichtige Zielvorstellung eines von Deutschland beherrschten „Großraumes" im Osten hat ihren Ursprung im Ersten Weltkrieg.[27] Nach dem Frieden von Brest-Litowsk[28] rückte im Frühjahr 1918 noch einmal die Möglichkeit in den Vordergrund, den weiten „Ostraum" als „deutsches Hinterland" mit vermeintlich unerschöpflichen Rohstoffreserven zu gewinnen, somit die Blockade der Alliierten gleichsam zu durchbrechen und den Krieg doch noch zugunsten Deutsch-

---

[23] Ebd., S. 61.
[24] Zitiert ebd., S. 60.
[25] Ebd., S. 61.
[26] Ebd.
[27] Ebd., S. 62f.
[28] Durch den am 3. März 1918 unterzeichneten Frieden mit den Mittelmächten verlor Russland ein Territorium von 1,42 Mill. km² mit einer Bevölkerung von über 60 Mill. Menschen und 75% seiner bisherigen Eisen- und Stahlindustrie. Zusätzlich wurde Russland zu einer Zahlung von 6 Mrd. Goldmark verpflichtet. Meyers Taschenlexikon Geschichte, Bd.1, Mannheim/Wien/Zürich 1982, S. 214f.

lands zu wenden.[29] Die für den Osten vorgesehenen „völkischen" Aussiedlungs- und Kolonisationspläne stammten noch aus der Vorkriegszeit.[30]

Das vor dem Krieg sehr hoch eingeschätzte Machtpotential Russlands wandelte sich durch das Chaos der Russischen Revolution im Kalkül der deutschen Politiker zu einer lang andauernden Schwäche – eine Einschätzung, welche sich, nicht nur bei Hitler, in der gesamten europäischen Politik bis zum Zweiten Weltkrieg halten sollte.

Die günstige Situation an der Ostfront beeinflusste maßgeblich die Beurteilung des Kriegsendes in Deutschland. Die zunehmende Auflösung der Westfront und der Zusammenbruch der Balkanfront wurden in ihrem Ausmaß nicht wahrgenommen, sondern nur, „daß deutsche Truppen als ‚Sieger' weite strategisch wie wirtschaftlich besonders wichtige Teile Rußlands fest in der Hand hielten.[31]" Hinzu kam eine schon in der Wilhelminischen Ära weithin anzutreffende Überschätzung der eigenen Stärke im Vergleich zu anderen Mächten. Diese Einschätzung hatte während des Krieges durch den Widerstand des deutschen Heeres gegen eine „Welt von Feinden"[32] noch einmal eine verhängnisvolle Übersteigerung erfahren.

Diese unrealistische Beurteilung der wirklichen Lage des Reiches war in weiten Kreisen verbreitet und wurde von Hitler nicht nur geteilt, sondern in den folgenden Jahren noch ins Extrem gesteigert.

Zusammenfassend ist an dieser Stelle also zu sagen: Weltmachtaspirationen, sozialdarwinistische Überzeugungen und völkischer Rassismus

---

[29] Hillgruber: Rolle, S. 63.
[30] Ebd., S. 65.
[31] Ebd., S. 66.
[32] Ebd., S. 67.

existierten schon in der Wilhelminischen Ära[33] und gewannen durch die 3. OHL bereits großen Einfluss auf die Reichsleitung im Ersten Weltkrieg. Auch das deutsche Ostimperium war – wenn auch nur für kurze Zeit – bereits einmal Wirklichkeit. Das in allen Bevölkerungsschichten weitverbreitete Unverständnis für die wahren Gründe der Niederlage bei gleichzeitiger Überschätzung von Deutschlands Stärke bildeten das populäre Fundament für Hitlers spätere Herrschaft. Hitler gelang es, die schon im völkisch-rassischen Denken der deutschen Vorkriegszeit vorhandenen, teils im Weltkrieg und gegenüber der Revolution zugespitzten ideologischen Elemente zu einer perversen, gleichwohl in sich weitgehend schlüssigen Weltanschauung zu verarbeiten, aus der zugleich die konkreten innen- und außenpolitischen Zielvorgaben entwickelt worden waren.

„Ich aber beschloß, Politiker zu werden."[34] Dies war Hitlers Konsequenz aus seiner Auseinandersetzung mit der deutschen Niederlage, der Revolution und der „Dolchstoßlegende". In den nächsten Jahren entwickelte er dazu seine Ideologie, in der die Außenpolitik nicht mehr isoliert neben anderen politischen oder ideologischen Überzeugungen stand, sondern untrennbar mit Hitlers rassenideologischer Weltanschauung verbunden war.[35]

Seit dem Beginn von Hitlers parteipolitischer Tätigkeit im Jahre 1919 arbeitete er an seinen außenpolitischen Konzeptionen, die sich bis 1924 noch um Einiges ändern sollten. In diesem Jahr entstand „Mein Kampf" – ein Meilenstein für die Entwicklung von Hitlers Ideologie. Das nie zur

---

[33] Im Juli 1918 zählte die „Deutsche Vaterlandspartei" als weiter gespannter Rahmen der hinter der 3. OHL und ihren Zielen stehende Kräfte 1 3/4 Mio. Mitglieder und überflügelte die bis dahin mitgliederstärkste Partei, die SPD. Ebd., S. 62.
[34] Hitler: Mein Kampf, S. 225.
[35] Eberhardt Jäckel: Hitlers Weltanschauung – Entwurf einer Herrschaft, erw. u. überarb. Neuaufl., Stuttgart 1981, S. 28: „[...] für Hitler waren das außenpolitische und rassenpolitische Programm gleichrangig."

Veröffentlichung gelangte sogenannte „Zweite Buch" schließlich bildete den Schlussstein von Hitlers programmatischen und theoretischen Überlegungen. Im Jahre 1928 kann also Hitlers außenpolitisches „Programm" als abgeschlossen betrachtet werden. Nach 1933 hat sich Hitler dann nicht mehr systematisch zu seinen Vorstellungen geäußert.[36]

Die Grundmotivation Hitlers war die Überwindung der deutschen Niederlage von 1918.[37] Einher damit ging die Klärung der Frage, wie es denn zu dieser unverstandenen Niederlage kommen konnte und wer dafür verantwortlich zu machen sei. Hitlers Erklärung war ebenso einfach wie radikal: Die Niederlage sei „die Quittung" für das deutsche Volk, die es für seine „innere Fäulnis, Feigheit, Charakterlosigkeit, kurz Unwürdigkeit"[38] erhalten habe. Für Hitler war dieser militärische Zusammenbruch „nur die Folge einer ganzen Reihe von Krankheitserscheinungen und ihrer Erreger, die schon in der Zeit des Friedens die deutsche Nation heimgesucht hatten[39]." Es sei dies die erste sichtbare katastrophale Folge einer „sittlichen und moralischen Vergiftung, einer Minderung des Selbsterhaltungstriebes und der Voraussetzungen hierzu, die schon seit vielen Jahren die Fundamente des Volkes und Reiches zu unterhöhlen begonnen hatten[40]." Die Verantwortlichen für die „Vergiftung" des „Volkskörpers"[41] hatte Hitler schon lange ausgemacht, nämlich die „bodenlose Verlogenheit des Judentums und seiner marxistischen Kampforganisation[42]."

---

[36] Andreas Hillgruber: Grundzüge der nationalsozialistischen Außenpolitik 1933–1945, in: Saeculum 24 (1973), S. 328–345, S. 330.
[37] Hitler: Mein Kampf, S. 247.
[38] Ebd., S. 250.
[39] Ebd., S. 252.
[40] Ebd.
[41] Ebd., S. 253f.
[42] Ebd., S. 250.

Die biologistische Weltanschauung Hitlers war mit seinem zentralen Rassebegriff gekoppelt, der sich besonders gegen Juden richtete, und von dem alle anderen politischen Einsichten abgeleitet wurden. Eingeschlossen darin war ein „Antisemitismus der Vernunft"[43], denn in Hitlers Augen waren die Juden verantwortlich für die Niederlage. Die politischen Gegner Hitlers, Demokraten und Sozialisten, waren deshalb – innerhalb von Hitlers pervertiertem Wertesystem folgerichtig – alle „verjudet", wobei er in der Demokratie die Vorstufe der „Judenherrschaft" sah, im Bolschewismus deren Vollendung.

In Hitlers sozialdarwinistischer Vorstellungswelt konnte das „Nahziel"[44] einer Wiedergutmachung der Niederlage mit friedlichen Mitteln nicht erreicht werden, so wie es die nicht nur von Hitler zutiefst verachtete Weimarer Republik versuchte, sondern war von Anfang an ein „Revisionismus mit den Waffen"[45].

Der seit 1919 verfochtene Revisionismus wurde in „Mein Kampf" jedoch zugunsten einer viel weiter greifenderen Raumpolitik preisgegeben. Der zu erwartende Krieg, für Hitler ein selbstverständliches Mittel im Ringen der Völker, sollte sich „lohnen".[46] Hitler war jedoch realistisch genug, einzusehen, dass Deutschland für den nächsten Krieg mächtigere Verbün-

---

[43] Schon am 16. September 1919 schrieb Hitler in einem Brief an Adolf Gemlich: „Der Antisemitismus aus rein gefühlsmäßigen Gründen wird seinen letzten Ausdruck finden in der Form von Pogromen. Der Antisemitismus der Vernunft jedoch muß führen zur planmäßigen gesetzlichen Bekämpfung und Beseitigung der Vorrechte des Juden, die er zum Unterschied der anderen zwischen uns lebenden Fremden besitzt (Fremdengesetzgebung). Sein letztes Ziel aber muß unverrückbar die Entfernung der Juden überhaupt sein." Hitler. Sämtliche Aufzeichnungen 1905–1924, hg. v. Eberhardt Jäckel u. Axel Kuhn, Stuttgart 1980, S. 89f.
[44] Jochen Thies: Architekt der Weltherrschaft. Die „Endziele" Hitlers, Düsseldorf 1976, S. 188.
[45] Jäckel: Weltanschauung., S. 30. „Das deutsche Elend muß durch deutsches Eisen zerbrochen werden" (Rede vom 13. November 1919, Kuhn/Jäckel: Hitler, S. 92ff.), diese Einstellung brachte Hitler 1920 zu der reichlich anachronistischen Aussage „Wir sind geknebelt, aber wenn wir auch wehrlos sind, einen Krieg mit Frankreich scheuen wir nicht." (5. September 1920, Jäckel: Weltanschauung, S. 30).
[46] Jäckel: Weltanschauung, S. 43.

dete bräuchte als im letzten. Bündnispolitik bildete deshalb den Kern seiner außenpolitischen Überlegungen. Für Jäckel war die Wahl zwischen England und Russland zugleich Grundlage für die Hitlersche Raumpolitik.[47] Ginge Deutschland zusammen mit der Seemacht England, musste es außer gegen Frankreich auch gegen Russland gehen, was die Aussicht auf Gewinn von „Bauernland" eröffnete. Kuhn geht sogar so weit, zu sagen, der Bündnisgedanke mit England sei eher entstanden als der Plan zur Ostexpansion, dies habe sich erst ab 1923 geändert.[48]

Doch was wollte Hitler eigentlich erreichen? Weltmachtaspirationen waren auch nach dem verlorenen Krieg für Politiker aus dem rechten Lager nichts Ungewöhnliches. Mit der Entwicklung des Lebensraumprinzips, unterstützt von rassischen Argumenten, löste sich Hitler aber von alldeutschen Vorstellungen. Dadurch gewann seine außenpolitische Konzeption an Radikalität und Dynamik. Hitlers Endziel, nämlich die Weltherrschaft Deutschlands, erlaubte die Konzeption eines regelrechten „Programms". Die nach Hitlers Ansicht letzte Chance Deutschlands, die Weltherrschaft in der jetzigen Weltlage zu erreichen,[49] ließe sich wegen der momentanen Schwächeposition nur in einzelnen Stufen durchführen.

In der Forschung wurden für Hitlers „Programm" verschiedene Modelle entwickelt, die den jeweiligen „Stufen" und „Phasen" Reihenfolgen und Gewichtungen zumessen.[50]

---

[47] Ebd., S. 38f.
[48] Axel Kuhn: Hitlers außenpolitisches Programm – Entstehung und Entwicklung 1919–1939 (Stuttgarter Beiträge zur Geschichte und Politik Bd.5), Stuttgart 1970, S. 99.
[49] Thies: Architekt, S. 188.
[50] Siehe auch den ausführlichen Forschungsbericht bei Thies: Architekt S. 9ff.

Kuhn scheidet Hitlers außenpolitisches Programm in zwei Phasen.[51] Auf der Revisionsstufe – dem Revanchekrieg gegen Frankreich – meinte Hitler, auf die Unterstützung Englands und Italiens rechnen zu können. In der zweiten, weltpolitischen Phase sollte auf Kolonialpolitik verzichtet werden, um einen deutsch-englischen Gegensatz zu vermeiden. Um jedoch den unbedingt notwendigen „Lebensraum" zu gewinnen, hatte sich Hitler der „Alternative Bauernland"[52] zugewandt. Kuhns Darstellung des Programms betont also ein rein kontinentales Hegemonialstreben Hitlers. Deutschland würde Weltmacht neben England, Japan und Italien sein. In diesem Konzept eines „Weltpolitischen Vierecks"[53] sollte das Nebeneinander der Weltmächte durch die „Evidenz der Interessenpolitik"[54] bestimmt werden. Das im Ersten Weltkrieg nicht erreichte Ziel einer Weltmachtstellung Deutschlands hätte sich so verwirklichen lassen. Hitlers Rassenpolitik habe in der Außenpolitik lediglich eine untergeordnete Rolle gespielt. „Aber Hitler", so meint Kuhn, „war kein Ideologe wie etwa Rosenberg. Er hat um die Realisierungschancen seiner Außenpolitik willen an seiner Rassenideologie stets herumgeflickt: Bei der Entstehung und Änderung einzelner Programmpunkte kam der machtpolitischen Analyse der Vorrang zu, die antisemitische Begründung wurde nach der erfolgten Wandlung den veränderten Verhältnissen angepasst."[55]

Einen ganz anderen – nämlich globalen – Ansatz glauben Hillgruber[56] und Hildebrand[57] in Hitlers Programm zu erkennen. Hillgruber sieht in Hit-

---

[51] Kuhn: Programm, S. 104.
[52] Ebd.
[53] Ebd., S. 263.
[54] Ebd.
[55] Ebd., S. 270.
[56] Hillgruber: Rolle, S. 69.
[57] Klaus Hildebrand, Deutsche Außenpolitik 1933–1945. Kalkül oder Dogma?, 2. Aufl., Stuttgart 1973.

lers militantem Revisionismus lediglich eine „Vorstufe"[58] des Programms. Die eigentliche erste Stufe sei die Schaffung eines ganz Europa beherrschenden Kontinentalimperiums mit machtpolitischem und wehrwirtschaftlichem Rückhalt im europäischen Osten gewesen. Auf der zweiten Stufe sollte ein „kolonialer Ergänzungsraum" in Afrika gewonnen und eine starke Flotte mit Stützpunkten im Atlantik aufgebaut werden. In einer folgenden Generation sollte dann, gleichsam als dritte Stufe, der Entscheidungskampf zwischen Deutschland und den Vereinigten Staaten um die Weltherrschaft ausgetragen werden.

Hildebrand[59] stimmt bei der Definition der ersten Stufe mit Kuhn und Hillgruber überein: Bei kolonialem Verzicht und Bündnis mit England sollte zunächst die Sowjetunion unterworfen werden. Schon auf der zweiten Stufe sollten die Vereinigten Staaten im Verein Deutschlands und Englands niedergerungen und damit die Entscheidung um die Weltvorherrschaft zwischen Nordamerika und Europa herbeigeführt werden. Im letzten Stadium sollte durch die Herrschaft einer neuen rassischen Elite über den gesamten Globus der historische Prozess des „ewigen Ringens" gestoppt werden. Das bisherige dynamische Prinzip der Weltgeschichte sollte durch die „biologisch fixierte Statik einer Utopie"[60] außer Kraft gesetzt werden.

Die Autonomie des Hitlerschen „Programms", die Abgrenzung zur Außenpolitik sowohl der Wilhelminischen Ära als auch der Weimarer Republik durch die singuläre Rolle Hitlers ist von der Forschung anerkannt. „Lebensraumpolitik" und Bündnispolitik standen im Mittelpunkt von Hitlers Programm. Seine Expansionsziele untermauerte Hitler nicht rassisch,

---

[58] Hillgruber: Rolle, S. 69f.
[59] Hildebrands „Programm"-Modell zitiert nach Thies: Architekt, S. 15.
[60] Ebd.

sondern machtpolitisch, strategisch, ökonomisch und bevölkerungspolitisch. Doch war die seit dem Ersten Weltkrieg axiomatisch festliegende rassische Komponente mit der Eroberung von Raum so eng verbunden, dass eine Trennung von der militärischen Niederwerfung Russlands und der Ausrottung der Juden für ihn ausgeschlossen war.[61]

Der einzige kontroverse Punkt ist die Frage, ob Hitlers Programm auf kontinentale (Kuhn) oder globale (Hillgruber, Hildebrand) Expansion angelegt war. Die Antwort kann nur eine globale Ausrichtung sein. Hitlers absoluter Anspruch „Deutschland wird entweder Weltmacht oder überhaupt nicht sein",[62] sowie die Überzeugung der rassischen Überlegenheit des deutschen „Ariers" konnte sich mit einer kontinentalen Hegemonie Deutschlands – Ludendorffs „Endziel" – nicht mehr zufrieden geben. So bewegte sich Hitlers Programm allein zwischen den Polen „Weltmacht oder Untergang".

Hitler ging es um die Überwindung der Niederlage von 1918. Das bedeutete nichts anderes, als den Deutschland im Ersten Weltkrieg durch vielerlei unglückliche Umstände versagten Sieg doch noch zu erringen. Die friedliche Revisionspolitik der Weimarer Republik, also durch das Eingehen auf die Bedingungen deren Unerfüllbarkeit zu beweisen, lehnte Hitler ab, „weil, wenn sie sich wirklich verwirklichen ließe, das Ergebnis doch wieder so erbärmlich wäre, daß es sich, wahrhaftiger Gott, nicht lohnen würde, dafür erneut das Blut unseres Volkes einzusetzen"[63]. Diese Aussage impliziert also, dass schon von Anfang an Hitlers Revisionismus ein „Revisionismus mit den Waffen"[64] war. Nicht nur die Korrektur des Ergebnisses

---

[61] Hillgruber: Rolle, S. 70.
[62] Hitler: Mein Kampf, S. 742.
[63] Hitler: Mein Kampf, S. 737.
[64] Jäckel: Weltanschauung, S. 30.

des Ersten Weltkrieges war sein Ziel, sondern er ging noch darüber hinaus: „Die Grenzen des Jahres 1914 bedeuten für die Zukunft der deutschen Nation gar nichts [...] Sie waren nicht das Ergebnis eines überlegten politischen Handelns, sondern Augenblicksgrenzen eines in keinerlei Weise abgeschlossenen politischen Ringens."[65] Vielmehr glaubte Hitler:

> „Wenn man jedoch der Überzeugung huldigt, daß die deutsche Zukunft so oder so, den höchsten Einsatz erfordert [Hervorhebung durch die Verf.], muß man, ganz abgesehen von allen Erwägungen politischer Klugheit an sich, ein dessen würdiges Ziel aufstellen und verfechten."

In seinem „Programm" hatte Hitler Revisionismus als „Durchgangsstufe" definiert. Bis zum Abschluss der Aufrüstung Deutschlands sollten friedliche Mittel angewendet werden. Waren diese erschöpft, sollten durch genau lokalisierte „Feldzüge" – jeweils nur gegen einen einzelnen Gegner – weitere Teilziele erkämpft werden.[66]

Davor musste aber noch mit dem „Todfeind des deutschen Volkes"[67] – nämlich Frankreich – abgerechnet und dieser ausgeschaltet werden. Hitler fasste seine über revisionistische Ziele weit hinaus weisenden außenpolitischen Pläne folgendermaßen zusammen:

> „Nicht West- und nicht Ostorientierung darf das künftige Ziel unserer Außenpolitik sein, sondern Ostpolitik im Sinne der Erwerbung der notwendigen Scholle für unser deutsches Volk. Da man dazu Kraft benötigt, der Todfeind unseres Volkes aber, Frankreich, uns unerbittlich würgt und die Kraft raubt, haben wir

---

[65] Hitler: Mein Kampf, S. 736 u. S. 738.
[66] Hillgruber: Rolle, S. 73.
[67] Hitler: Mein Kampf, S. 699. Hitler kam immer wieder auf den „Todfeind Frankreich" zurück und schmäht es wiederholt: „Dieses an sich immer mehr der Vernegerung anheimfallende Volk bedeutet in seiner Bindung an die Ziele der jüdischen Weltbeherrschung eine lauernde Gefahr für den Bestand der weißen Rasse Europas." Ebd., S. 704.

jedes Opfer auf uns zu nehmen [...] zu einer Vernichtung der französischen Hegemoniebestrebungen in Europa beizutragen."[68]

Hitlers Revisionismus war also, wie Hillgruber richtig feststellt, Teil von Hitlers „Stufenprogramm", „in das alle Ziele traditioneller, revisionistischer Prägung wie ‚Großdeutschland' oder ‚mitteleuropäische Führungsmacht' als Durchgangsstationen eingefügt und gleichsam ‚aufgehoben' waren"[69].

Hitler betrachtete den Revisionismus als „Vorstufe" seines außenpolitischen Programms, die mit der Ausschaltung Frankreichs abgeschlossen war und ihm die Durchführung seiner „Lebensraumpläne" im Osten ermöglichte.

Die als zunächst notwendig erachtete Bündnispolitik war für Hitler reines „Einsatz-Nutzen"-Denken:

„Völkerschicksale werden fest aneinandergeschmiedet nur durch die Aussicht eines gemeinsamen Erfolges im Sinne gemeinsamer Erwerbungen, Eroberungen, kurz einer beiderseitigen Machterweiterung."[70]

Noch eine weitere Äußerung drückt Hitlers sozialdarwinistische Einstellung aus. Man müsse

„[...] für die Durchführung eigener Notwendigkeiten in bestimmten Zeiträumen immer diejenigen Partner [...] finden, die für die Vertretung ihrer Interessen den gleichen Weg gehen müssen. [...] Ein nützliches Bündnis aber abzulehnen, weil es später einmal vielleicht doch in Feindschaft enden kann, bringt nur ein bürgerlich-nationaler deutscher Politiker fertig."[71]

Hitlers Bündnisüberlegungen nahmen ihren Ausgang im Ersten Weltkrieg. Er zog daraus zwei Schlussfolgerungen. Erstens: Die Bündnispolitik der

---

[68] Ebd., S. 757.
[69] Hillgruber: Grundzüge, S. 329.
[70] Hitler: Mein Kampf, S. 697.
[71] Hitler: Mein Kampf, S. 698 u. Hitlers Zweites Buch, S. 174.

Vorkriegszeit sei falsch gewesen und habe zum Zwei-Fronten-Krieg mit fatalen Folgen für den Kriegsverlauf geführt. Eine Wiederholung der Weltkriegssituation musste daher für immer ausgeschlossen werden, da die Möglichkeit eines Sieges gegen England und Russland oder England und die USA gleichzeitig aussichtslos war.[72] Zweitens: Deutschland brauchte nach Hitlers Ansicht Verbündete, um gegen Frankreich, immerhin die stärkste Militärmacht des Kontinents, den „unvermeidlichen" Revanchekrieg zu führen und so diese „verhaßte Fessel deutschen Großmachtstrebens abzuschütteln".

Als mögliche Bündnispartner boten sich unter diesen Umständen also Russland, Großbritannien und Italien an, wobei Hitler Russland zu Anfang noch den Vorzug gab.[73] Nach der erfolgreichen Oktoberrevolution und der Errichtung der Sowjetunion ließ Hitler den Plan eines Bündnisses sofort fallen. Denn „Bolschewismus" definierte Hitler als einen „triebhaften Vorgang, das heißt den des Strebens nach der Weltherrschaft des jüdischen Volkes"[74]. Aus rassischen Gründen war ein Zusammengehen mit der neuen Sowjetunion also undenkbar. Von da an konzentrierte Hitler seine Bündnispläne auf Großbritannien und Italien.[75] Bei letzterem konnte Hitler auf einen latenten italienisch-französischen Gegensatz bauen. Doch wie sollte ein Bündnis mit Großbritannien geschlossen werden, dem anderen europäischen Sieger des Weltkrieges und einem traditionellen Gegengewicht deutscher Großmachtpolitik auf dem Kontinent? Gerade wegen der traditionellen britischen Politik der „Balance of Powers" meinte Hitler, in England

---

[72] Hillgruber: Rolle, S. 71.
[73] Im Jahre 1919 ordnete Hitler Russland, wie auch Italien in die Gruppe von Ländern ein, „die infolge ihrer eigenen unglücklichen Lage oder infolge sonstiger Umstände unsere Gegner wurden." Jäckel, Kuhn: Hitler, S. 96.
[74] Hitler: Mein Kampf, S. 750f.
[75] „In Europa wird es für Deutschland in absehbarer Zukunft nur zwei Verbündete geben können: England und Italien." Hitler: Mein Kampf, S. 705.

einen zukünftigen Verbündeten zu finden. „Das letzte Ziel französischer Diplomatie wird ewig im Gegensatz stehen zur letzten Tendenz der britischen Staatskunst."[76] So deutete Hitler auch die Distanzierung Englands nach der französischen Besetzung des Rheinlandes 1923 als ein Zeichen dafür, „daß Englands Politik von Jahr zu Jahr mehr auf eine Hemmung des maßlosen französischen Hegemonie-Triebes hinauslaufen muß."[77]

England stand also automatisch auf Deutschlands Seite, wenn es den „französischen Hegemoniebestrebungen" entgegenwirken wollte. Nach Jäckel brachte Hitlers Bevorzugung Englands vor der Sowjetunion noch eine andere Option, nämlich die „Wahl zwischen Seemacht und Bauernland"[78], gegenüber der die bisherige revisionistische Politik in den Hintergrund rückte. Bei einem Bund mit England und nach Verzicht auf „Seemacht" und Kolonien, hätte sich nach einem Krieg zuerst gegen Frankreich und dann gegen Russland die Aussicht auf „Gewinn von Bauernland" ergeben.[79] Hitlers Rassenideologie machte aus dem Osten ja einen leeren, offen stehenden Raum. Auch stand für Hitler nach der Russischen Revolution von 1917 fest: „Das Riesenreich im Osten ist reif zum Zusammenbruch"[80], da Juden zur Staatsbildung unfähig seien.

Im Falle Italiens gehörte neben der Ausnutzung des italienisch-französischen Gegensatzes natürlich die gleichzeitige Vermeidung jedes italienisch-deutschen Gegensatzes dazu. Um dieses zu erreichen, scheute

---

[76] Hitler: Mein Kampf, S. 697.
[77] Ebd.
[78] Jäckel: Weltanschauung, S. 37.
[79] Ebd.
[80] Hitler: Mein Kampf, S. 743.

sich Hitler nicht, die Angliederung Südtirols an Italien anzuerkennen, eine in völkischen und NSDAP-Kreisen heftig kritisierte Entscheidung.[81]

Der „neue Dreibund"[82] Deutschland, England und Italien sollte sich, um Interessengegensätze zu vermeiden, in drei verschiedene Richtungen ausdehnen: Deutschland in den kontinentalen Osten, England nach Übersee und Italien in den Mittelmeerraum.[83] Die USA war in dieser Konstellation nicht mit einberechnet, da sich nach Hitlers Vorstellungen erst eine nachfolgende Generation mit ihr um die globale Herrschaft streiten würde.

Kolonien und Raumpolitik

Schon kurz nach dem Ersten Weltkrieg hatte Hitler „Grund und Boden zur Ernährung unserer Nation"[84] gefordert, wobei er hier wohl noch die ehemaligen deutschen Kolonien gemeint hatte.[85] In den folgenden Jahren änderte Hitler jedoch seine Meinung, woran seine Bündnisentscheidung zugunsten Englands wohl einen maßgeblichen Einfluss hatte. Eine deutsche Kolonialpolitik lehnte Hitler daraufhin ab, wobei er „zwei schwache Argumente"[86] vorschob: Kolonien seien nicht „zur Besiedlung mit Europäern in größtem Maße"[87] geeignet. Außerdem „würde mithin auch eine solche Kolonialpolitik nur auf dem Wege eines schweren Kampfes durchzuführen gewesen sein, der aber dann zweckmäßiger nicht für außereuropäische Gebiete, son-

---

[81] Hitler widmete im „Zweiten Buch" diesem Thema mehrere Kapitel, um seine Entscheidung zu begründen und zu rechtfertigen. Im XV. Kap., Absch. C, S. 210ff. zählte Hitler in 14 Punkten auf, „wer Südtirol verraten hat und durch wessen Maßnahmen es für Deutschland verlorenging".
[82] Jäckel: Weltanschauung, S. 44.
[83] Ebd.
[84] Zitiert bei Jäckel: Weltanschauung, S. 38.
[85] Ebd.
[86] Kuhn: Programm, S. 112.
[87] Hitler: Mein Kampf, S. 153.

dern vielmehr für Land im Heimatkontinent selbst ausgefochten worden wäre."[88]

Für Hitler bestand ein unmittelbarer Zusammenhang von Bevölkerungsvermehrung, Ernährungsproblem und „Lebensraum"-Forderung.[89] In immer neuen Variationen definierte Hitler „die Durchführung einer praktischen Außenpolitik im Sinne der Erhaltung, Förderung und Ernährung unseres Volkes für die Zukunft"[90]. So resümierte Hitler, nachdem er geistig den Schritt von der Kolonialpolitik zur Eroberung von „Raum" im Osten getan hatte:

> „Wollte man übrigens zu einer wirklichen Raumpolitik übergehen, dann war die vor dem Kriege betriebene Kolonialpolitik umso unsinniger, als sie zu einer fühlbaren Entlastung der deutschen Überbevölkerung doch nicht führen konnte, umgekehrt aber eines Tages nach aller menschlichen Voraussicht zu ihrer Durchführung denselben Bluteinsatz notwendig machen mußte, wie er im schlimmsten Falle für eine wirklich nützliche Raumpolitik erforderlich gewesen wäre."[91]

„Raumpolitik" – dieses Charakteristikum des Nationalsozialismus war nicht nur von der Notwendigkeit abgeleitet, die Ernährungsgrundlage des deutschen Volkes zu sichern, sondern galt als „Inbegriff vollkommener völkischer Existenz"[92]. Nachdem das deutsche Volk auch „rassisch zur Besinnung"[93] gebracht worden sei, müsse die nationalsozialistische „Bewegung"

---

[88] Ebd.
[89] So schreibt Hitler im „Zweiten Buch", um „das deutsche Überbevölkerungsproblem" zu lösen, das mit der „Lösung des Ernährungsproblems" zusammenhängt, müsse versucht werden, „die Raumnot zu beheben, also neuen Boden zu erwerben". S. 99f.
[90] Hitler: Mein Kampf, S. 687.
[91] Hitlers Zweites Buch, S. 100.
[92] Martin Broszat: Betrachtungen zu „Hitlers Zweitem Buch", in: VZG 9 (1961), S. 417–429, S. 424.
[93] Hitler: Mein Kampf, S. 732.

„[...] ohne Rücksicht auf „Traditionen" und Vorurteile, den Mut finden, unser Volk und seine Kraft zu sammeln zum Vormarsch auf jener Straße, die aus der heutigen Beengtheit des Lebensraumes dieses Volkes hinausführt zu neuem Grund und Boden und damit auch für immer von der Gefahr befreit, auf dieser Erde zu vergehen oder als Sklavenvolk die Dienste anderer besorgen zu müssen. [...] Wir stoppen den ewigen Germanenzug nach dem Süden und Westen Europas und weisen den Blick nach dem Land im Osten. Wir schließen endlich ab die Kolonial- und Handelspolitik der Vorkriegszeit und gehen über zur Bodenpolitik der Zukunft."[94]

Innenpolitik stellte die „rassische Vorbereitung" von Hitlers Außenpolitik dar, angemessen der Bedeutung des „deutschen Volkes" und dessen Erhaltung durch Eroberung von „Raum", welches ein Axiom in Hitlers Ideologie darstellte. Die bürgerliche Ordnung sollte durch eine völkisch-rassische ersetzt werden. So schrieb Hitler über die außenpolitische Ziele des Nationalsozialismus, wobei er sich der Werte der bürgerlichen Gesellschaft durchaus bewusst war:

„Die Außenpolitik der nationalen bürgerlichen Welt ist in Wahrheit stets nur eine Grenzpolitik gewesen, die der nationalsozialistischen Bewegung wird demgegenüber immer eine Raumpolitik sein. [...] Denn ihre [die „nationalsozialistische Bewegung", Anm. d. Verf.] Nationalauffassung wird nicht bestimmt von bisherigen patriotischen Staatsgedanken, als vielmehr von völkischen, rassischen Erkenntnissen. Damit ist der Ausgangspunkt ihres Denkens ein ganz anderer als der der bürgerlichen Welt. Manches, was dem nationalen Bürgertum deshalb als politischer Erfolg der Vergangenheit und Gegenwart erscheint, ist für uns entweder ein Mißerfolg oder die Ursache eines späteren Unglücks. Und vieles, was wir als selbstverständlich ansehen, erscheint dem deutschen Bürgertum als unbegreiflich oder gar grauenhaft."[95]

---

[94] Ebd., S. 732 u. S. 742.
[95] Hitlers Zweites Buch, S. 78 f.

Hitlers Rassenantisemitismus

Hitlers radikaler, universeller Antisemitismus war untrennbar mit dem „Lebensraum"-Gedanken verbunden. Von diesen beiden zentralen Elementen wurde Hitlers Denken geradezu krankhaft beherrscht. Nach Hitlers Ansicht gab es eine „internationale Verschwörung" der Juden, deren Ziel es war, die „rassischen Widerstandskräfte" anderer Völker zu zersetzen und schließlich die Weltherrschaft an sich zu reißen. Hitler schrieb dazu:

> „Das jüdische Volk kann mangels eigener produktiver Fähigkeiten einen Staatsbau räumlich empfundener Art nicht durchführen, sondern braucht als Unterlage seiner eigenen Existenz die Arbeit und schöpferischen Tätigkeiten anderer Nationen. Die Existenz des Juden selbst wird damit zu einer parasitären innerhalb des Lebens anderer Völker. Das letzte Ziel des jüdischen Lebenskampfes ist dabei die Versklavung produktiv tätiger Völker. Zur Erreichung dieses Zieles, das in Wirklichkeit den Lebenskampf des Judentums zu allen Zeiten darstellte, bedient sich der Jude aller Waffen, die dem Gesamtkomplex seines Wesens entsprechen."[96]

In der Hitlerschen Logik ergab sich daraus, dass die Juden nach seiner biologistischen Vorstellung nicht nur „Parasiten" waren, sondern, da im Grunde „rassenrein", nach der „Versklavung" anderer Völker strebten. Damit wurden sie aber letztlich zu Konkurrenten der „Arier". So folgerte Hitler:

> „Das erbittertste Ringen um den Sieg des Judentums spielt sich zur Zeit in Deutschland ab. Hier ist es die nationalsozialistische Bewegung, die als einzige den Kampf gegen dieses fluchwürdige Menschheitsverbrechen [der Juden, Anm. der Verf.] aufgenommen hat."[97]

---

[96] Ebd., S. 220f.
[97] Ebd., S. 223.

In Russland habe sich der „Kampf" schon zugunsten des Judentums entschieden, in anderen Ländern werde noch um die politische Macht gerungen.[98] Hitler meinte zu dem Gelingen der Russischen Revolution:

> „Im russischen Bolschewismus haben wir den im zwanzigsten Jahrhundert unternommenen Versuch des Judentums zu erblicken, sich die Weltherrschaft anzueignen."[99]

So wurde die Verknüpfung von der Eroberung Russlands, also die Gewinnung von „Raum", sowie der strategische, blockadefeste Rückhalt für den „Endkampf" um die Weltherrschaft mit den USA – und andererseits die gleichzeitige Einleitung des „Endkampfes gegen den „jüdischen Todfeind"[100] für Hitler zu einer Idealkombination und erklärt deshalb auch deren lange Geltungsdauer – im Grunde bis zu Hitlers Selbstmord. Hillgruber stellt dazu fest, Hitlers Ostkrieg „verknüpfe [...] SS-Aktionen und militärischen Kampf als verschiedene Seiten eines einzigen großen Vernichtungskrieges zu einem unlösbaren Ganzen"[101].

Hitler betrachtete die Beendigung der „Judenherrschaft" als „Mission der nationalsozialistischen Bewegung"[102] und umschrieb die Eroberung Russlands in „Mein Kampf" noch mit einer „prophetischen" Andeutung:

---

[98] Ebd. Nach Hitlers Meinung war das vor allem in England der Fall: „Wird in England der Jude siegen, dann werden die englischen Interessen genauso in den Hintergrund treten, wie für Deutschland heute nicht mehr deutsche, sondern jüdische maßgebend sind. Siegt hingegen der Brite, dann kann eine Umstellung Englands Deutschland gegenüber noch stattfinden." Dies ist ein gutes Beispiel dafür, dass die wahnwitzigen Rassentheorien Hitler auch zu unhaltbaren außenpolitischen Schlussfolgerungen führten und in diesem Falle Hitler an seiner Idee eines Englandbündnisses hartnäckig festhalten ließen. Ebd.
[99] Hitler: Mein Kampf, S. 751.
[100] Andreas Hillgruber: Deutsche Großmacht- und Weltpolitik im 19. und 20. Jahrhundert, Düsseldorf 1977, S. 257.
[101] Ebd., S. 258. Hitler dazu: „Noch kein Krieg bisher war ein so ausgesprochen und so ausschließlich jüdischer Krieg wie dieser." Hitlers Politisches Testament. Einleitung v. Hugh R. Trevor Roper, Nachwort v. André Francois-Poncet, Hamburg 1981, (vom 3. Februar 1945).
[102] Hitler: Mein Kampf, S. 743.

„Wir sind vom Schicksal ausersehen, Zeugen einer Katastrophe zu werden, die die gewaltigste Bestätigung für die Richtigkeit der völkischen Rassentheorie sein wird."[103]

Als sich der Zweite Weltkrieg schließlich zuungunsten Deutschlands wendete[104] und sich Hitler eingestehen musste, dass ein Sieg und damit das deutsche Ostimperium nicht realisierbar waren, wollte er sein „Parallelziel", die Ausrottung der Juden und anderer „rassisch Minderwertiger" in Europa keinesfalls aufgeben.[105] Obwohl während des Sommerfeldzuges 1942 in Richtung Stalingrad alle Kräfte und Transportmittel dringend benötigt worden wären, rollten aus ganz West- und Mitteleuropa Eisenbahntransporte mit Juden in die Vernichtungslager in Polen. Dieses in der Forschung immer wieder genannte Beispiel[106] zeigt deutlich, welche Bedeutung die Nazis ihrem Ziel der Vernichtung der Juden beilegten. So resümierte Hitler noch in seinem letzten Bormann-Diktat vom 2. April 1945:

„In einer moralisch mehr und mehr durch das jüdische Gift verseuchten Welt muß ein gegen dieses Gift immunes Volk schließlich die Oberhand gewinnen. So gesehen, wird man dem Nationalsozialismus ewig dafür dankbar sein, daß ich die Juden aus Deutschland und Mitteleuropa ausgerottet habe."[107]

Hitler glaubte also, „den rassenideologischen Kern seiner geschichtlichen Mission auch über den Untergang seines Reiches hinweg"[108] erfüllt zu haben.

---

[103] Ebd.
[104] Alfred Jodl, u.a. strategischer Berater Hitlers, meinte dazu unmittelbar nach der deutschen Kapitulation 1945, dass es Hitler von dem „Kulminationspunkt des beginnenden Jahres 1942 an klar gewesen sei, daß kein Sieg mehr errungen werden konnte." Zitiert bei Hillgruber: Grundzüge, S. 344.
[105] Ders.: Großmacht- und Weltpolitik, S. 272.
[106] Ebd., S. 272f., sowie Jäckel: Weltanschauung, S. 73f.
[107] Hitlers Politisches Testament, S. 122.
[108] Hillgruber: Grundzüge, S. 343.

Weniger beachtet wird im Allgemeinen die Tatsache, dass sich Hitlers Rassenideologie auch gegen das eigene Volk gerichtet hat, und dass der Satz „Deutschland wird entweder Weltmacht oder überhaupt nicht sein"[109] keine leeren Worte waren. So äußerte sich Hitler nach dem Kriegseintritt der USA zum dänischen Außenminister Scavenius am 27. November 1941:

> „Wenn das deutsche Volk einmal nicht mehr stark und opferbereit genug sei, sein eigenes Blut für seine Existenz einzusetzen, so soll es vergehen und von einer anderen stärkeren Macht vernichtet werden. Es verdiente dann nicht mehr diesen Platz, den es sich heute errungen habe."[110]

Und am 27. Januar 1942 vor der „Tafelrunde":

> „Wenn das deutsche Volk nicht bereit ist, für seine Selbsterhaltung sich einzusetzen, gut: dann soll es verschwinden."[111]

Hitlers Vernichtungskrieg in Osteuropa und seine „rassischen" Ansprüche an das deutsche Volk zeigen, welchen fundamentalen Einfluss seine Rassenideologie auf sein außenpolitisches „Programm" hatte, mit den bekannten, schrecklichen Folgen. Er selbst sah sich als „Retter", der „arischen Rasse", die er von den letztlich tödlichen Einflüssen der „jüdischen Rasse" befreite.

Für Hitler bildete die Bündnispolitik, in deren Zentrum das Bündnis mit England stand, eine Haupterrungenschaft seines „Programms". Dafür verzichtete er auf eine deutsche Kolonialpolitik und wandte sich nach Osten, um den von ihm für erforderlich gehaltenen wirtschaftlichen und strategischen Rückhalt für das in der letzten „Programmstufe" geplante Ausgreifen nach der Weltherrschaft zu gewinnen. Daneben begründete Hitler

---

[109] Hitler: Mein Kampf, S. 742.
[110] Zitiert bei Klaus Hildebrand: Hitlers „Programm" und seine Realisierung 1939–1942, in: Hitler: Deutschland und die Mächte, hg.v. Manfred Funke, Düsseldorf 1977, S. 63–93, S. 89.
[111] Ebd., Anm. 147.

die Notwendigkeit von Eroberungen mit dem Argument einer angeblichen Überbevölkerung der Nation, aufgrund derer eine ausreichende Ernährung nicht mehr gewährleistet werden könne.

Kennzeichnend für Hitlers Außenpolitik sind seine „Willensentscheidungen"[112], mit denen er seine Wunschvorstellungen zur „Realität" werden ließ, wie es am Beispiel des Bündnisgedankens mit England deutlich wird. Eine große Rolle spielt hierbei Hitlers rassistischer Antisemitismus, der hinter jedem gegen seine Interessen gerichteten Zustand den Einfluss des „Internationalen Judentums" sah und so alles in seinem Sinne erklärbar werden ließ. Diese „weltanschaulich ertrotzte Wirklichkeitsvorstellung", so analysiert Broszat, „bedingt folgerichtig eine Politik der Maßnahmen, die das Vorgestellte mit rationaler Organisation und zweckmäßiger Gewalt zu erzwingen sucht"[113].

So interpretiert Broszat die radikale Ideologie Hitlers treffend, wenn er weiter meint „am Extrem nationalsozialistischer Vorstellungswelt, an der dort postulierten rassisch-völkischen Exklusivität und wirtschaftlichen Autarkie wird vollends deutlich, dass solche immer nur als Souveränität und Selbstsein verstandene nationale Freiheit notwendig Negation der Welt, Feindlichkeit ihr gegenüber bedeutet; als ein unausgesetzt monologisches Nur-um-sich-selbst-Kreisen macht sie alles und jedes zum Fangball egozentrischen Willens und löst Wirklichkeit und Welt in Subjektivität auf"[114].

Hitlers rassenideologisches Programm widersprach im Wesenskern allen überlieferten Maßstäben und Begriffen, sodass es sich in das Bewusstsein der deutschen Öffentlichkeit niemals richtig einprägte, obwohl Hitler

---
[112] Kuhn: Programm, S. 112.
[113] Broszat: Betrachtungen, S. 425.
[114] Ebd., S. 426.

in seinen Reden dieses „Programm" immer wieder verkündete.[115] Lediglich die „Revisionsstufe", also die möglichst friedliche Revision der Versailler Verträge, der Revanchekrieg gegen Frankreich und schließlich die Errichtung eines „Großdeutschland", deckten sich mit den Zielen der alten deutschen Führungsschicht und den Wünschen des deutschen Volkes als Folge des unverstandenen Ausgangs des Ersten Weltkriegs.[116] Dieser innenpolitische Konsens ermöglichte Hitler einen nahtlosen Übergang von der „Revisionsstufe" zu der nächsten: der Eroberung Russlands.

2.3 Revisionismus und konservatives Großmachtdenken in der nationalkonservativen Opposition bis zur Sudetenkrise

Hitler hatte sich also in letzter Konsequenz von den überkommenen deutschen Großmachttraditionen vollständig gelöst. Doch was bewegte die Angehörigen der Beck-Goerdeler Gruppe dazu, Hitlers Politik so lange zu folgen und zuzustimmen? Teilten sie etwa Hitlers Ansichten oder gingen ihre außenpolitischen Forderungen lediglich in Hitlers Richtung, aber eben nicht so radikal, wie dieser sie verfolgte?

Es waren ja die außenpolitischen Ziele Hitlers, von denen die Honoratioren selbst glaubten, diese würden sie vor allem mit dem Diktator verbinden. Die erste Stufe des Hitlerschen „Programms" bewegte sich ja in den traditionellen Bahnen deutscher konservativer Außenpolitik nach dem Ersten Weltkrieg: die Forderung nach Revision der problematischen Friedensordnung von 1919, einhergehend damit eine umfassende Aufrüstung und

---

[115] Hillgruber: Rolle, S. 74f.
[116] Ebd.

schließlich die Wiederherstellung der „Grenzen von 1914"[117] sowie der ehemaligen Großmachtstellung des Deutschen Reiches. Diese Forderungen schienen in der Tat mit denen Hitlers vollkommen übereinzustimmen, doch wie Hildebrand richtig bemerkt, „knüpft Hitler nur scheinbar an Vorbilder deutscher Außenpolitik an, brach im Grunde mit jeder Tradition [...]"[118]. Die sogenannten „Honoratioren", also die nationalkonservativen, älteren Vertreter der Opposition dagegen sahen sich, sozusagen als „Söhne des Kaiserreiches", in der Tradition Bismarcks. Nach Hildebrand bildete der kleindeutsche Nationalstaat Bismarcks den „Bezugspunkt (ihres) außenpolitischen Handelns",[119] darüber hinaus hielten sie, an großdeutsche Traditionen anknüpfend, eine Einverleibung Österreichs und des Sudetenlandes für wünschenswert, „um die von Habsburg hinterlassene Lücke zu schließen"[120]. Der rassistische Kern von Hitlers Außenpolitik blieb den „Honoratioren" fremd und wurde deshalb fatalerweise vollkommen unterschätzt.

Die ehemalige Wilhelminische Großmachtpolitik wurde zum Hauptberührungspunkt zwischen Hitler und der nationalkonservativen Opposition. An ihr sollten sich dann auch ihre Geister scheiden. Doch zunächst bediente sich Hitler nicht seiner Parteiinstitutionen, um sein außenpolitisches „Programm" durchzusetzen, sondern verfolgte seine machtpolitischen Ziele zunächst im Windschatten des Auswärtigen Amtes und knüpfte an dessen Revisionspolitik an.[121] Aus diesem Grund konnte zum Beispiel Ulrich von Hassell, von 1932 bis 1938 deutscher Botschafter in Rom, nach der „Machtergreifung" problemlos die außenpolitischen Vorstellungen der

---

[117] Gerhard Ritter: Carl Goerdeler und die deutsche Widerstandsbewegung, Stuttgart 1954, S. 329.
[118] Hildebrand: Die ostpolitischen Vorstellungen im deutschen Widerstand, in: GWU 29 (1978), S. 226.
[119] Ebd., S. 217.
[120] Trevor-Roper: Kriegsziele, S. 127.
[121] Hildebrand: Außenpolitik, S. 35.

deutschen Diktatur gegenüber Italien ebenso überzeugend vertreten, wir vor dem Ersten Weltkrieg diejenigen des Kaiserreiches und unmittelbar danach die der Weimarer Republik.[122]

Doch wird beim näheren Hinsehen deutlich, dass die Honoratioren schon während des Ersten Weltkrieges eher auf der Linie Bethmann Hollwegs lagen. Es ging in der Gruppe um Ludwig Beck, der General war, und Carl Goerdeler also nicht darum, im Sinne der 3. OHL in erster Linie einen solchen außenpolitischen Zustand herbeiführen zu wollen, der Deutschland zu einer permanenten Besatzungsmacht in Europa gemacht hätte. Im Gegenteil: Solches Denken und Handeln lehnten Beck, Goerdeler und Hassell strikt ab. Gerade Hassell hob immer wieder hervor, dass es Bismarcks Vorzug gewesen sei, dass er in europäischen Kategorien gedacht habe und das politische Maß habe halten können.[123] Dabei empfanden sie es allerdings als nahezu selbstverständlich, dass bei aller Achtung vor nationalen Kulturen und Staaten, die sie im Gegensatz zu Hitler besaßen, dem Deutschen Reich eine gleichsam natürliche Führungsaufgabe in Europa zustehe.[124]

Die Hitlersche „Raumpolitik" fand bei den Honoratioren folglich wenig Verständnis, auch wenn oder gerade weil sie mit einer ähnlichen Einstellung schon im Ersten Weltkrieg durch Ludendorff konfrontiert worden waren. Als beispielhaft für die kritische, ja verständnislose Haltung gegen

---

[122] Gregor Schöllgen: Ulrich von Hassell 1881-1944. Ein Konservativer in der Opposition, München 1990, S. 68.
[123] Hildebrand: Vorstellungen, S. 218. Zu Hassells Bismarckbild vgl. Ulrich v. Hassell: Im Wandel der Außenpolitik, München 1939.
[124] Hildebrand: Vorstellungen, S. 218.

über Hitlers Raumplänen kann der Kommentar Becks zu Hoßbachs Protokoll[125] gelten:

„Das Problem des Raumes besteht für Deutschland zweifelsohne, in erster Linie auf Grund seiner zentralen Lage in Europa und insoweit seit jeher und vielleicht für alle Zeiten, sodann aber auch auf Grund der Gebietsveränderungen durch Versailles. Nicht übersehen darf aber andererseits werden, daß die ‚Bevölkerungslage' als solche sich seit 1000 Jahren und länger stabilisiert hat, daß weitgehende Änderungen ohne schwerste und in ihrer Dauer nicht abzusehende Erschütterungen kaum noch erreichbar erscheinen, und für Europa Parallelen mit Gebietsveränderungen wie für Italien in Afrika oder für Japan in Ostasien nicht gezogen werden können. Geringe Veränderungen erscheinen nach wie vor möglich. Sie dürfen aber nicht dazu führen, daß durch sie die Einheitlichkeit des deutschen Volkes, des deutschen Rassekerns erneut gefährdet wird [...] Daß man hinsichtlich der Beteiligung an der Weltwirtschaft nicht unabhängig ist, ist nur zu wahr. Aus dieser Tatsache aber als einzige Abhilfe die Gewinnung eines größeren Lebensraumes zu folgern, erscheint mir jedoch der Schwierigkeiten wenig durchdacht Herr werden zu wollen. Soweit ich etwas von den Dingen verstehe, benötigen wir für alle Zeiten einen höchstmöglichen Anteil an der Weltwirtschaft, oder das deutsche Volk muß langsam verkümmern."[126]

Beck war zwar „von imperialem Geist erfüllt"[127], betrachtete das „Raumproblem" aber unter den zentralen Aspekten der Mittellage Deutschlands und der notwendigen Revision von Versailles. Die Eroberung des Ostens, um die wirtschaftliche Existenz Deutschlands zu sichern, lehnte er deshalb ab. Ein Vergleich mit Italien und Japan, die in den dreißiger Jahren neue Kolonien in Afrika und Ostasien eroberten, könne im Falle Russlands nicht

---

[125] Das Protokoll (sog. „Hoßbach-Protokoll") der Besprechung in der Reichskanzlei am 10. November 1937 zwischen Hitler und höchsten Amtsinhabern des „Dritten Reiches" (u.a. Blomberg und Fritsch) über Hitlers Kriegspläne ist editiert in den Akten zur Deutschen Auswärtigen Politik, Serie D, Bd. 1, Baden-Baden 1950, S. 25–32.
[126] Beck am 12. November 1937. Zitiert bei Wolfgang Foerster: Generaloberst Ludwig Beck. Sein Kampf gegen den Krieg, München 1953, S. 62.
[127] Klaus-Jürgen Müller: Ludwig Beck – Ein General zwischen Wilhelminismus und Nationalsozialismus, in: Imanuel Geiss, Bernd-Jürgen Wendt (Hg.): Deutschland in der Weltpolitik des 19. und 20. Jahrhunderts, Düsseldorf 1973, S. 519.

gezogen werden. Auch seine Bemerkungen zur Bevölkerungs- und zur Wirtschaftslage zeigen, wie wenig Zugang Beck offensichtlich zu Hitlers Raumpolitik hatte, aber dennoch „geringe Veränderungen" zugunsten Deutschlands in Europa für möglich hielt.

Becks Großmachtanspruch erlaubte es andererseits aber auch nicht, in einem Konzert von Mächten, einvernehmlich und auf Ausgleich bedacht, die eigenen Vorstellungen mit den Interessen der anderen beteiligten Großmächte abzustimmen, obwohl die nach allen Seiten hin alle Optionen bewahrende Großmacht angesichts des Entwicklungsstandes der europäischen Industriegesellschaften schon damals eine Illusion darstellte.[128] Zu bedenken ist hierbei allerdings, dass Beck, wie auch alle anderen Oppositionellen, durch den Lauf der Ereignisse eine Wandlung seiner außenpolitischen Vorstellungen durchlief. Man kann sagen, dass sie sich immer mehr an der Realität orientierten, während Hitler, wie gezeigt wurde, an seiner einmal formulierten Ideologie als Axiom seines außenpolitischen Denkens festhielt.

Durch Hitlers immer aggressiver werdende außenpolitische Aktionen kam es 1938 schließlich zu einer ersten ernsthaften Krise, die Europa an den Rand des Krieges brachte – zur Sudetenkrise.[129] Während der „Anschluss" Österreichs von den Honoratioren mit Zustimmung begrüßt wurde, da er in ihr Konzept der Revision von Versailles passte, bedeutete die Sudetenkrise für viele Oppositionelle den endgültigen Bruch mit dem Re-

---

[128] Klaus-Jürgen Müller: General Ludwig Beck. Studien und Dokumente zur politisch-militärischen Vorstellungswelt und Tätigkeit des Generalstabschefs des deutschen Heeres 1933–1938 (Schriften des Bundesarchivs 30), Boppard am Rhein 1980, S. 143.

[129] Zum Verlauf der Sudetenkrise siehe Helmuth K.G. Rönnefarth: Die Sudetenkrise in der internationalen Politik. Entstehung, Verlauf, Auswirkung, 2 Bde., Wiesbaden 1961.

gime und nahm ihnen alle Illusionen hinsichtlich Hitlers, der offensichtlich von nun an direkt auf einen Krieg zusteuerte.

Zwischen April und September 1938 entstand innerhalb des Militärs und der Diplomatie eine Gruppierung, die Müller treffend als „Anti-Kriegs-Partei" bezeichnet.[130] Denn diese Männer wollten zwar eine hegemoniale Großmachtposition für Deutschland gewinnen, aber ohne einen neuen gesamteuropäischen Krieg zu führen. Begrenzte kriegerische Konflikte waren aus diesem Konzept nicht ausgeklammert, aber auch nicht als zwangsläufig eingeplant.[131] Vor diesem Hintergrund ist auch Becks Rüstungspolitik zu sehen.[132] Für Beck war die Verfügbarkeit überlegener militärischer Macht eine absolute Voraussetzung zur Erreichung der außenpolitischen Zielsetzung. Das Kernstück seiner Militärpolitik war eine massive und autonome Aufrüstung, die er ungeachtet aller außenpolitischen, finanziellen und wirtschaftlichen Bedenken vorantrieb. Dahinter stand das Kalkül, möglichst rasch durch die mit dieser einseitigen, außenpolitisch nicht abgesicherten Aufrüstung gegebene Risikophase hindurchzukommen und so stark zu werden, dass ein möglicher Konflikt bei der Verfolgung einer deutschen Großmachtpolitik rasch beendet und dritte Mächte möglichst von einem Eingreifen abgehalten würden. Dieses Konzept sah Beck nun durch Hitlers aggressive Außenpolitik aufs Spiel gesetzt, da sich seiner Meinung nach Deutschland im Jahr 1938 noch in der „Risikophase" befand.

---

[130] Die hervorragendsten Vertreter auf militärischer Seite waren der Generalstabschef Ludwig Beck und sein Stellvertreter und späterer Nachfolger, General Franz Halder, sowie Admiral Canaris. Auf Seiten der Diplomatie waren es Weizsäcker und einige jüngere Diplomaten. Müller: Eliten, S. 34.
[131] Ebd.
[132] Dazu Müller: Studien, besonders Kapitel 5: Aufrüstung, Außenpolitik und operative Planung, S. 225–271.

So könnte das Konzept der Honoratioren während der Sudetenkrise unter dem Motto „Für Großdeutschland – gegen den großen Krieg"[133] gestanden haben. Zwar bejahten die Honoratioren die machtpolitische Ausschaltung der Tschechoslowakei im Grundsatz, aber einen „lokalen" deutsch-tschechoslowakischen Krieg hielten sie zu diesem Zeitpunkt für nicht möglich. So entwickelte Weizsäcker eine Alternative zu einer militärischen Zerschlagung der Tschechoslowakei. Er beschrieb dieses Konzept mit dem bildhaften Begriff „chemischer Auflösungsprozeß" des tschechoslowakischen Staates.[134] Die Desintegration der CSR sollte durch äußeren Druck bis unterhalb der Schwelle des Krieges und durch innere Subversion geschehen. Weizsäcker unterlag allerdings noch der Illusion, Hitlers Drohungen seien eigentlich doch nur ein Bluff, der eigentliche Drahtzieher sei Außenminister Ribbentrop.[135] Weizsäcker versuchte also, als Funktionsträger des Systems auf dem traditionellen Wege eines Meinungsbildungsprozesses Hitlers Außenpolitik entgegenzuwirken.

Zwei andere Vertreter des Widerstandes, die keine Möglichkeit hatten, innerhalb der staatlichen Diplomatie Hitler entgegenzuwirken, versuchten stattdessen, das Ausland, besonders England, von der Notwendigkeit einer unnachgiebigen Haltung gegenüber Hitler zu überzeugen. Wie der gesamte nationalkonservative Widerstand, so glaubten auch sie, durch eine einheitlich ablehnende Haltung Englands gegenüber Hitlers Plänen könne dieser als Kriegstreiber entlarvt und der geplante Putsch durchgeführt werden. Gemeint sind Ewald von Kleist-Schmenzin und Carl Goerdeler, die unab-

---

[133] So der gleichlautende Titel der Dissertation von Rainer A. Blasius: Für Großdeutschland – gegen den großen Krieg. Staatssekretär Ernst Frhr. von Weizsäcker in den Krisen um die Tschechoslowakei und Polen 1938/39, Köln/Wien 1981.
[134] Ebd., S. 29.
[135] Müller: Eliten, S. 36.

hängig voneinander Kontakte in England knüpften.[136] Beide versuchten gleichermaßen, ihren englischen Gesprächspartnern darzulegen, wie sie sich die weitere außenpolitische Entwicklung Deutschlands nach dem Sturz Hitlers vorstellten.

Kleist-Schmenzin sprach sich in einem Gespräch mit Churchill für eine Revision der deutschen Ostgrenze aus. Die Rückgabe des „Korridors" sei eines der Hauptziele deutscher Außenpolitik, für dessen Verwirklichung er selbst auf Kolonien verzichtete, die Churchill einer moderaten deutschen Regierung in Aussicht stellte.[137] Die Polenfrage war aber mit dem deutsch-polnischen Freundschaftsvertrag aus dem Jahr 1934 von Hitler offiziell fallengelassen worden, und die englische Seite reagierte deshalb entsprechend zurückhaltend. In Goerdelers Gesprächen mit A.P. Young, einem englischen Industriellen, der im Auftrag Sir Robert Vansittarts Kontakt zu Goerdeler aufnahm und auf dessen Anregungen hin die sogenannten „X-Dokumente" verfasste, wurden auch die außenpolitischen Vorstellungen der Honoratioren angesprochen. Neben einer eindeutigen Sicherheitsgarantie für die Tschechoslowakei forderte er eine weitere öffentliche Erklärung der britischen Regierung, die sich mit deutschen „Lebensfragen"[138] befassen und den Wunsch bekräftigen sollte, über diese zu verhandeln. Goerdeler nannte dabei die Kolonialfrage, Mitteleuropa, Handelsfreiheit und Beendigung des Rüstungswettlaufes.

---

[136] Kleist ging auf Initiative Becks nach England, um der dortigen Regierung klarzumachen: „Durch ein Nachgeben gegenüber Hitler verliert die britische Regierung zwei wichtige Verbündete: den deutschen Generalstab und das deutsche Volk. Bringen sie mir den sicheren Beweis, daß England kämpfen wird, wenn wir die Tschechoslowakei angreifen, und ich werde diesem Regime ein Ende bereiten." Beck, zitiert nach Bodo Scheurig: Ewald von Kleist-Schmenzin. Ein Konservativer gegen Hitler, Oldenburg/Hamburg 1968, S. 155. Zu Goerdelers Kontakten siehe besonders Sidney Aster (Hg.): A. P. Young. Die X-Dokumente. Die geheimen Kontakte Carl Goerdelers mit der britischen Regierung 1938/39, München/Zürich 1989.
[137] Bernd-Jürgen Wendt: München 1938. England zwischen Hitler und Preußen (Hamburger Studien zur neueren Geschichte 3), Frankfurt a. Main 1966, S. 15.
[138] X-Dokument Nr. 1, S. 57.

Die Forderungen der Honoratioren lassen deren Bestreben erkennen, die Revision von Versailles in ihrem Sinne mit friedlichen Mitteln fortzusetzen. Für eine militärische Kraftprobe mit den anderen europäischen Mächten war Deutschland ihrer Meinung nach nicht genügend vorbereitet. Sie befürchteten, ein neuer Krieg, bei dem Deutschland unweigerlich einer übermächtigen Koalition gegenüberstehen würde, würde einen noch viel härteren Frieden als nach dem Ende des Ersten Weltkrieges bedeuten. Bei ihren Forderungen gegenüber der englischen Regierung übersahen sie allerdings, dass sie in ihrem Anspruch nach einer Revision der Ostgrenze, nach Kolonien und nach einer Vormachtstellung in Mitteleuropa aus der Sicht Englands über Hitlers Ansprüche sogar noch hinausgingen und deshalb als Alternative nicht überzeugen konnten. Die außenpolitischen Vorstellungen der Honoratioren sollten sich erst während des Krieges fortentwickeln und grundlegend verändern.

3. Die zentralen Themen in der Widerstandsaußenpolitik 1940–1944

Im Folgenden sollen die zentralen Themen der Widerstandsaußenpolitik diskutiert werden. Die Auswahl der Themen erfolgte unter dreierlei Gesichtspunkten. Der wichtigste davon ergibt sich aus den quellenimmanenten Fragestellungen, d.h. es sollen einzelne außenpolitische Problemstellungen diskutiert werden, die in den Quellen immer wieder auftauchen und von den Widerständlern für wesentlich gehalten wurden; zudem werden die von „außen" kommenden (auch in der Sekundärliteratur aufgeworfenen) Fragen verfolgt, auf die es in den Quellen nicht unbedingt eine befriedigende Antwort geben muss. All dieses schließlich muss mit dem chronologisch vorgezeichneten Weg bis zum 20. Juli 1944 in Einklang gebracht werden.

Diejenigen Oppositionellen, die sich innerhalb des Widerstandes intensiv mit Außenpolitik beschäftigten, waren fast alle – mit Ausnahme von Goerdeler und Moltke – professionelle Außenpolitiker, die im Dritten Reich glänzende Karrieren hätten machen können – wenn sie gewollt hätten. Innerhalb ihres Arbeitsfeldes hatten sie persönliche Schwerpunkte ausgebildet, die natürlich auch in ihre Widerstandsarbeit eingeflossen sind. Diese können innerhalb des Rahmens dieser Arbeit natürlich nicht ausführlicher behandelt werden. So zeigen auch die Quellen keineswegs ein allumfassendes außenpolitisches Programm auf, wie es jeder normale Staat besitzen muss. Die außenpolitischen Konzepte tragen vielmehr den „unnormalen" Umständen Rechnung, d.h. sie sollten lediglich eine Richtlinie für das „Danach" sein: Ein Deutschland nach dem Nationalsozialismus und nach dem Krieg.

Im Mittelpunkt der außenpolitischen Überlegungen stand Deutschlands Stellung in Europa und schließlich, als weiterführende Überlegung, Europas Stellung in der Welt. Weiter spielte natürlich der Verlauf des Krieges eine wesentliche Rolle. Denn die Verschlechterung der Kriegslage erforderte natürlich eine Anpassung der außenpolitischen Konzepte. Darin hatten dann auch die künftige Friedenssicherung in Europa und die Gedanken über ein künftiges friedliches Zusammenleben aller großen und kleinen Völker oberste Priorität.

3.1 Europakonzepte bis 1943

3.1.1 Das Europabild der „Honoratioren" zu Beginn des Zweiten Weltkrieges

Zu beginnen wäre hier mit der national-konservativen Gruppe um Beck-Goerdeler – den „Honoratioren". Hitlers Feldzüge der Jahre 1939/40 spielten sich in ihren Dimensionen zweifellos noch innerhalb des Horizontes der national-konservativen, im geopolitischen Denken des 19. Jahrhunderts verhafteten, Honoratioren ab.

Die Honoratioren[139] fühlten sich der Tradition der überlieferten europäischen Nationalstaaten und der machtstaatlichen Tradition Europas verpflichtet, wie sie sich im 19. Jahrhundert entwickelt hatte. Die Frage der

---

[139] Zur Definition des national-konservativen Widerstandes als „Honoratioren" siehe Hans Mommsen: Gesellschaftsbild und Verfassungspläne des deutschen Widerstandes, in: Hermann Graml (Hg.): Widerstand im Dritten Reich – Probleme, Ereignisse, Gestalten, Frankfurt a. Main 1984, S. 14–91.

Stellung Deutschlands innerhalb dieser Mächtekonstellationen beschäftigte Beck, Goerdeler und Hassell auch nach dem Ersten Weltkrieg intensiv. Nicht zuletzt sahen sie in Hitler „ihren" Politiker, nicht weil sie mit seiner Ideologie übereinstimmten, sondern weil sie ihn als ihr „Werkzeug" benutzen wollten, um das große Ziel der zwanziger und dreißiger Jahre zu erreichen: die Ablösung der als unsicher und konfliktbeladen angesehenen Versailler Ordnung durch eine stabile deutsche Vorherrschaft in Europa.

Beck und Goerdeler haben sich in ihrer Denkschrift „Das Ziel" Anfang 1941 mit dem Problem einer deutschen Führung in Europa auseinandergesetzt:

„Das 19. Jahrhundert ist in Europa ganz klar von der Entwicklung zu [...] Nationalstaaten beherrscht [...] Die Frage, die uns seitdem gestellt wird, ist, ob diese Nationalstaaten längeren Zeitraum hindurch friedlich nebeneinander bestehen können oder ob wieder die Ablösung des gewonnenen Zustandes durch Vorherrschaft des einen oder anderen Volkes eintreten muß. Der Erste Weltkrieg hat sie nicht geklärt; jetzt muß sie geklärt werden, wenn nicht mit Europa auch unser Vaterland in lange Verelendung versinken soll."[140]

Bemerkenswert ist, dass trotz der deutschen Kriegserfolge die weitere Existenz der anderen europäischen Nationalstaaten an sich nicht in Frage gestellt wurde. Diese Phase des Krieges war für Spekulationen über die Zukunft Europas unter deutscher Führung aus Sicht der Honoratioren besonders günstig: Alle revisionistischen Forderungen waren befriedigt und der Revanchekrieg gegen Frankreich erfolgreich geführt. Die Assoziation mit dem Ersten Weltkrieg entspricht der Übereinstimmung der Autoren mit der damaligen Linie Bethmann-Hollwegs,[141] der eine Vorherrschaft Deutsch-

---

[140] Wilhelm Ritter von Schramm (Hg.): Beck und Goerdeler. Gemeinschaftsdokumente für den Frieden 1941–1944, München 1965, Denkschrift „Das Ziel", S. 89.
[141] Hildebrand: Vorstellungen, S. 221.

lands innerhalb des europäischen Mächtekonzerts anstrebte. Die Honoratioren hatten die Methoden Hitlers zwar mit allen Mitteln bekämpft. Doch wenn man ihrem entwicklungsgeschichtlichen Denken folgt, wie es aus dem Zitat hervorgeht, musste es sowieso kommen wie es eben jetzt kam. Die Honoratioren hatten nie darauf verzichtet, Krieg als letztes Mittel der Politik einzusetzen. Den Erfolg dieses Krieges, der sich vor dem Überfall auf die Sowjetunion noch in machtpolitisch-europäische Traditionen einordnen ließ, führten die Honoratioren nicht so sehr auf Hitlers außenpolitisches Kalkül zurück als vielmehr auf die brillante Leistung der Wehrmacht.

Doch wie begründeten die Honoratioren den Führungsanspruch Deutschlands? Gewiss spielten überkommene Vorstellungen die Hauptrolle. Schöllgen sieht in den Konzepten der Honoratioren eine neue Antwort auf die alte europäische Frage: „Gleichgewicht oder Hegemonie?"[142] Eine mögliche Lösung des Problems habe stets in dem Versuch bestanden, das Gleichgewicht durch die Hegemonie einer Macht oder auch einer Mächtegruppe und im Interesse dieser Macht oder Gruppe herzustellen und zu garantieren. Hegemonie konnte dabei sehr unterschiedlich verstanden, die zugrundeliegende Machtposition auf verschiedene Weise errichtet werden: militärisch, territorial, wirtschaftlich, (bündnis-)politisch oder durch Kombination mehrerer dieser Elemente.[143]

So setzte sich Ulrich von Hassell in diesem Zusammenhang mit dem alten Problem der Mittelstellung Deutschlands zwischen England und Russland auseinander. In einem Aufsatz zum Thema legte Hassell dar, dass diese beiden Weltmächte, obwohl an der Peripherie Europas gelegen, von

---

[142] Schöllgen: Opposition, S. 143. Schöllgen bezieht sich hier auf einen Titel von Ludwig Dehio: Gleichgewicht oder Hegemonie. Betrachtungen über ein Kernproblem der neueren Staatengeschichte, Krefeld o.J. [1947].
[143] Ebd.

diesem nicht ganz ausgeschlossen werden dürften, dass sie aber aufhören müssten, sich als „eine Art Zentrale oder Aufsichtsinstanz für Europa"[144] zu betrachten, als welche sie sich „berufen" sahen, „in den europäischen Fragen das entscheidende Wort zu sprechen". Sie müssten begreifen, „daß Europa unter deutscher Führung autonom geworden ist"[145]. Ziel sei es aber nicht, im Falle Englands, „Großbritannien für ein ‚Nichteuropa' zu erklären, sondern umgekehrt das kontinentale Europa für ein ‚Nicht-Britannien'". Europa würde sich nach dieser Sichtweise unter deutscher Führung von dem vermeintlich restriktiven Einfluss der beiden europäischen „Flankenmächte" befreien und von diesen unabhängig unter deutschem Schutz und deutscher Führung einen eigenen Weltmachtstatus erlangen.

Neben diesem traditionellen Anspruch hatten die Honoratioren aber auch zeitgenössische Entwicklungen erkannt und in ihre Konzeptionen eingearbeitet. Die rasante Entwicklung der Technik und deren wirtschaftliche Folgen, besonders das Zusammenrücken Europas durch verbesserte Verkehrsmittel, und die damit einhergehende Vergrößerung des Handelsaufkommens zwischen den Nationen, war ein entscheidender Gesichtspunkt. So erkannten Beck und Goerdeler in „Das Ziel": „Die Entwicklung der Technik verlangt größere wirtschaftliche Räume, als sie das 19. Jahrhundert geschaffen hat",[146] und sie kamen zu dem Schluss „der für Deutschland in Frage kommende Großwirtschaftsraum ist sicherlich Europa"[147]. Interessant ist, festzustellen, dass die im Kaiserreich verwurzelten Honoratioren einen deutschen „Großwirtschaftsraum" nicht in einem Kolonialreich

---

[144] Ulrich v. Hassell [Pseudonym: Christian Augustin]: Untergang des Abendlandes?, in: Monatshefte für Auswärtige Politik 8 (August 1941), S. 599–613, S. 601.
[145] Ebd.
[146] Schramm: Gemeinschaftsdokumente, S. 98.
[147] Ebd.

verwirklichen wollten, sondern die zunehmenden wirtschaftlichen Verflechtungen in Europa erkannten und miteinbezogen. In der Sicht der Kolonialfrage hatte sich der Wilhelminische Komplex der Unvereinbarkeit von Weltmachtanspruch und der dafür als zu gering erachteten Zahl deutscher Kolonien gehalten. Auch saß der Stachel von Versailles immer noch tief, wenn es in „Das Ziel" hieß: „Das deutsche Volk wird sich, nachdem es einmal Kolonialbesitz hatte, immer gedemütigt fühlen, wenn es vom Kolonialbesitz ausgeschlossen bleibt."[148] Deshalb stünden bei den Kolonien auch „weniger wirtschaftliche oder politische Gesichtspunkte" im Vordergrund, vielmehr seien es die „wesentlichen seelischen Kräfte, die bei der Kolonialfrage als wirksam erkannt werden müssen"[149]. Mit anderen Worten: Kolonien sind in der Mitte des 20. Jahrhunderts zwar immer noch Prestigesache eine Großmacht, haben ihren ursprünglichen Sinn und Zweck eines wirtschaftlichen Rohstofflieferanten und Abnehmers von Konsumgütern aber weitgehend verloren. Es ist „nützlich"[150], Kolonien zu haben, nicht mehr aber lebensnotwendig für das Deutsche Reich.

Es braucht nicht weiter betont zu werden, dass die von Hitler vertretene „Raum"-Idee aus dieser Perspektive, die als die moderne und zukunftsweisende gelten darf, nur Unverständnis erwarten konnte. Die Honoratioren schlossen zwar die Zusammenarbeit mit „einem bolschewistischen Rußland"[151] aus. Das Ziel müsse aber sein, Russland allmählich in eine europäische Zusammenfassung einzubeziehen, „denn in seinen weiten Räumen liegen die Rohstoffe und Nahrungsmittel, die die Lage eines zusam-

---
[148] Ebd., S. 101.
[149] Ebd.
[150] Ebd.
[151] Ebd., S. 100.

mengefassten Europa allen anderen Weltteilen gegenüber erheblich verbessert"[152].

Die von den Honoratioren favorisierte Methode deutscher Hegemonialpolitik bildete neben der machtpolitischen Komponente die wirtschaftliche Durchdringung und Kontrolle Europas. Ein Instrument, um dieses Ziel zu erreichen, sollte eine „Arbeitsgemeinschaft" der europäischen Staaten sein, in der „einheitliche Spielregeln" festgelegt werden sollten: also „Zollbindungen, Zusammenschlüsse, Währungsregelungen usw."[153] In diesem Gremium werde Deutschland als stärkstem Industrieland automatisch eine führende Rolle zufallen.

Was vom Einfluss der Kaiserzeit blieb, war das Selbstverständnis, Ordnung und Stabilität könnten in diesem „Wirtschaftsgroßraum" nur gesichert werden, wenn eine Nation die Führung und Verantwortung übernehme. Goerdeler und Beck betonten ausdrücklich:

> „So kann eine vernünftige und glückhafte Entwicklung nur erreicht werden, wenn es gelingt, den Gedanken der Nationalstaaten mit der Notwendigkeit des Großraumes zu vereinen. Aus dieser Erkenntnis ergibt sich auch das politische Ziel für unser deutsches Vaterland."[154]

Der Gedanke des Nationalstaates war fest im Denken der Honoratioren verankert. Auch hier ist wieder der Einfluss der Bismarckschen Ära zu erkennen. Die Feststellung, auch ohne den Krieg von 1914 „wäre bei dem Zusammenbruch, dem der österreichische Staat durch Erstarkung des Nationalgedankens entgegensehen musste, Deutsch-Österreich schließlich zum deutschen Nationalstaat hingewandert"[155] war aus ihrer Sicht eine natürli-

---

[152] Ebd.
[153] Ebd., S. 99.
[154] Ebd., S. 90.
[155] Ebd., S. 93.

che Entwicklung. Der „Anschluß" Österreichs wurde so zu einem Ergebnis der machtpolitischen „Lehren Bismarcks", nämlich „die wesentlichen zur Zeit in dieser Welt wirkenden Kräfte klar zu erkennen und auszunutzen"[156]. Im Frühjahr 1938 waren Zeit und Umstände günstig und die „Eingliederung" Österreichs ins Deutsche Reich auch mit einer militärischen Aktion zu rechtfertigen. Andererseits passt in diese Vorstellung von Nationalstaatlichkeit eben auch folgende Aussage:

> „Alle Deutschen gehören in einen Nationalstaat: dabei ist es keine Schwächung, sondern im Gegenteil eine Stärkung deutscher Geltung, wenn auch außerhalb der so zu bestimmenden Grenzen des Deutschen Reiches starke deutsche Teile wohnen. Diese Teile können aber nur Träger des Deutschtums bleiben, wenn sie sich in den fremden Nationalstaat einordnen."[157]

Diese Aussage enthält nur einen scheinbaren Widerspruch zwischen der Forderung, alle Deutschen gehörten in einen Staat und gleichzeitig der nach Stärkung der Nation durch deutsche Minderheiten in anderen Staaten. Anders als Hitler, der die europäische Minderheitenproblematik mit der Brechstange lösen wollte, und die Umsiedlung bzw. Ausrottung ganzer Minderheitsgruppen plante und schließlich auch durchführte, glaubten die Honoratioren weiterhin an eine gemeinsame gesamteuropäische Grundhaltung und Tradition. Die Gegebenheit von Minderheiten war als geschichtliche Tatsache zu akzeptieren, trotz des Ideals des Nationalstaates. Wichtig war in erster Linie nicht, dass die Deutschen eine geographische Einheit bildeten, sondern eine kulturell-politische. Hitlers „einfachste" Lösung, nämlich die vollständige Auflösung aller schwächeren Nationen und die Vertreibung derer Völker zum Beispiel aus deutsch-polnischen Mischgebieten bildete so einen völligen Gegenpol zum Denken der Honoratioren.

---
[156] Ebd., S. 95.
[157] Ebd., S. 97.

Diese gewaltsame Lösung hätte in ihren Augen das europäische Nationalstaatensystem nicht nur zerstört. Die daraus erfolgte Instabilität hätte Europa auch seine führende Stellung in der Welt gekostet. Die Rechte anderer Nationalstaaten mussten deshalb unter allen Umständen geachtet werden. Es galt, innerhalb dieser Werteordnung zu agieren, also von deutschen Minderheiten zu verlangen, Recht und Gesetze des Staates, in dem sie lebten zu akzeptieren, aber dennoch „Träger des Deutschtums" zu bleiben.

Deutschland sei also von allen Nationen am geeignetsten, „die zentrale Lage, die zahlenmäßige Stärke und die hochgespannte Leistungsfähigkeit verbürgen dem deutschen Volk die Führung des europäischen Blocks",[158] wenn – und hier kommt eine wichtige Einschränkung – „wenn es sie sich nicht durch Unmäßigkeit oder durch Machtsuchtmanieren verdirbt". So warnten Beck und Goerdeler:

> „Es ist dumm und anmaßend von deutschen Herrenmenschen zu sprechen. Es ist töricht, für sich selbst Achtung vor der nationalen Ehre und Selbstständigkeit zu verlangen und sie anderen zu versagen. In die Führung Europas wird diejenige Nation hineinwachsen, die gerade die kleinen Nationen achtet und ihre Geschicke mit weisem Rat und weiser Hand, nicht mit brutaler Gewalt zu leiten versucht."[159]

Auch hier ist wieder eine klare Absage an die Hitlersche Außenpolitik manifestiert. Die europäische Führung sollte nicht mit Gewalt erobert werden. Deutschland sollte aufgrund seiner starken Stellung langsam in seine Aufgabe „hineinwachsen". In der Denkschrift wurde sogar betont, man müsse alles tun, „um die Führung unsichtbar zu machen"[160], denn ließe man den

---

[158] Ebd., S. 98.
[159] Ebd.
[160] Ebd., S. 99.

anderen europäischen Staaten „bei Äußerlichkeiten betont den Vortritt", so könne man diese „spielend [...] zum gemeinsamen Wohle führen."

Die paternalistische Einstellung der Honoratioren zu Europa mag provozierend und arrogant wirken, auch die Forderung nach Unterordnung der nationalen Interessen und Empfindlichkeiten anderer Nationen unter den unumstößlichen Glauben an den rational zu begründenden Führungsanspruch Deutschlands in Europa aufgrund dessen Größe und Macht. So wird etwa die zukünftige Rolle Frankreichs in der Denkschrift überhaupt nicht diskutiert.[161] Doch ist beim Studium der Quellen festzustellen, dass die Honoratioren zu keiner Zeit an die gewaltsame Durchsetzung ihres Zieles dachten. So schrieben sie, Europa sei schon vor dem Zweiten Weltkrieg für ihr Konzept „reif" gewesen, „durch diesen Krieg ist es dem Ziel nicht näher gekommen, sondern hat sich weiter von ihm entfernt".[162] Weiter wurde in „Das Ziel" festgestellt:

> „Die Zusammenfassung Europas darf nicht roh und rücksichtslos durch Gleichschaltung erfolgen, sondern kann nur geschehen, wenn sie von der Weisheit getragen wird, die Bismarck bei der Zusammenfassung Deutschlands verkörperte. Die Nationalstaaten Europas müssen volle Freiheit haben, ihre inneren Verhältnisse so zu gestalten, wie sie es ihren Eigenarten und Bedürfnissen entsprechend tun wollen."[163]

Auch hier wird wieder das Bekenntnis zum Nationalstaat deutlich. Deutschland sollte bei der Zusammenfassung Europas dieselbe Rolle spielen, wie Preußen sie bei der Gründung des Deutschen Reiches inne gehabt hatte. Aus dieser Sicht musste ein Krieg die anderen Staaten von einer Kooperation am Aufbauwerk natürlicherweise abschrecken. Doch glaubten

---

[161] Die Interessenlosigkeit an Frankreich ist im gesamten Schrifttum des Widerstandes im Umkreis des 20. Juli zu beobachten.
[162] Schramm: Gemeinschaftsdokumente, S. 99.
[163] Ebd.

die Honoratioren, dass es noch nicht zu spät sei, Deutschlands Führungsanspruch zu verwirklichen: „Es ist nicht zu kühn gesagt, daß bei rechtzeitigem Handeln, d.h. Abbruch des Krieges zugunsten eines sinnvollen politischen Systems, der europäische Staatenbund unter deutscher Führung in 10 bis 20 Jahren Tatsache sein wird."[164] Dieser Optimismus zeigt, wie tief ihr Glaube an Vernunft und Richtigkeit ihres Konzeptes war.

Der Führungsanspruch der Honoratioren war nicht auf eine Ideologie begründet, wie etwa bei Hitler, hatte aber einen hohen moralischen Anspruch. Im Wissen um die nationalsozialistischen Verbrechen in den besetzten Gebieten prophezeiten Beck und Goerdeler, „wird der Zeitpunkt verpaßt, so ist an die deutsche Führung überhaupt auf lange Zeit gar nicht zu denken"[165]. Deutschland hätte durch die repressive nationalsozialistische Herrschaft ihrer Meinung nach jeden Anspruch auf die europäische Führung verloren.

3.1.2 Die Auswirkungen des Hitler-Stalin-Paktes

Nach dem Sieg über Polen im November 1939, durch den letztlich alle Forderungen der national-konservativen Opposition nach der Widerherstellung eines „Großdeutschlands" in den Grenzen von 1914 befriedigt gewesen wären, kündigte jedoch schon die Art und Weise der deutschen Besatzungspolitik nichts Gutes für die Zukunft an. Statt einer „korrekten" Besatzungspolitik, wie sie den Honoratioren vorschwebte, nämlich die Rückgliederung der deutschen, durch den Versailler Vertrag den Polen zugeschlagenen Gebiete, sowie die Errichtung eines zwar unter deutschem Ein-

---

[164] Ebd., S. 100.
[165] Ebd.

fluss stehenden, aber dennoch souveränen polnischen Staates, wurden die Minderheiten beider Nationalitäten großräumig umgesiedelt und gleichzeitig durch die Errichtung des „Protektorates" jegliche polnische Eigenstaatlichkeit zerstört.[166]

Neben dem Faktum des besiegten und niedergeworfenen Polens, das immerhin noch in das vorwiegend historisch motivierte Weltbild der Honoratioren passte, in dem der jahrhundertealte Konflikt zwischen Preußen und Polen eine Konstante darstellte, übte der Hitler-Stalin-Pakt vom 23. August 1939 auf die Gruppe um Hassell, Goerdeler und Beck eine geradezu elektrisierende Wirkung aus. Die Allianz mit der Sowjetunion wurde als deren bedrohliche Rückkehr in die europäische Politik angesehen und nicht etwa als die auch von der Opposition durchaus gewünschte Normalisierung der deutsch-sowjetischen Beziehungen.[167] Der dadurch angerichtete außenpolitische Flurschaden erschien der Opposition größer als der augenblickliche Nutzen des „Rücken Freihaltens". So konstatierte Hassell in seinem Tagebuch empört, dass man „außenpolitisch [...] in selbstverschuldeter, bitterer Not, um aus ihr im Augenblick herauszukommen, alle wichtigsten Positionen aufgeopfert" habe: „Die Ostsee und die Ostgrenze. Ganz zu schweigen von der politisch unsittlichen Preisgabe der baltischen Länder ist nun das Dominium maris baltici schwer gefährdet."[168] Hassell fährt fort:

---

[166] So begründete z.B. Ulrich-Wilhelm Graf von Schwerin vor dem Volksgerichtshof seine Gegnerschaft zum Nationalsozialismus u.a. damit, indem er das „vielfache Hin und Her in der Einstellung den Polen gegenüber" kritisierte. Detlef Graf von Schwerin: Die Jungen des 20. Juli 1944, Berlin, 1991, S. 64.
[167] Hermann Graml: Die außenpolitischen Vorstellungen des deutschen Widerstandes, in: Ders. (Hg.): Widerstand im Dritten Reich – Probleme, Ereignisse, Gestalten, 2. Aufl., Frankfurt a. Main 1984, S. 92–139, S. 104.
[168] Eintragung am 11.10.1939. Zit. nach Friedrich Frhr. Hiller v. Gaertringen (Hg.): Die Hassell-Tagebücher 1938–1944. Ulrich von Hassell. Aufzeichnungen vom Andern Deutschland, 3., durchges. Aufl., Berlin 1989, S. 126. Zu Hassells Bewertung des Ostseeraums und des Baltikums wäre hier sein Aufsatz „Dominium maris baltici" in: Europäische Fragen im Licht der Gegenwart, Berlin o.J. [1942], S. 67–103, heranzuziehen.

„Alles tritt aber zurück gegen die unbekümmerte Auslieferung eines großen wichtigen Teils des Abendlandes, zum Teil deutsch-lutherischer Kultur, zum Teil altes Österreich, an denselben Bolschewismus, den wir angeblich im fernen Spanien auf Tod und Leben bekämpft haben."

In seiner richtigen Einschätzung Hitlers schloss er vorausschauend:

„Es ist sehr gut möglich [...], daß Hitler in seinem Innersten sich für später den Angriff auf die Sowjetunion vorbehält. Der frevelhafte Charakter seiner Politik wird dadurch noch verstärkt."[169]

Besorgt stellte die Gruppe um Goerdeler und Beck fest, dass durch das Bündnis mit der Sowjetunion ein Ausgleich mit England und Frankreich fast unmöglich geworden war. Sie befürchteten eine Isolierung Deutschlands, da es sich, einseitig auf die Sowjetunion konzentriert, auf eine Trennung von Europa hinbewege.[170] Hinzu kam die Furcht, den Mutterstaat des Bolschewismus nun direkt, ohne irgendwelche Pufferstaaten, an deutsches Einflussgebiet grenzen zu sehen. Da nach Meinung Hassells und Goerdelers die nationalsozialistische Weltanschauung sowieso ein „hohles Gebäude" war, das leicht erschüttert werden könne, kamen sie beide zu dem Schluss: „Das Vorrücken des Bolschewismus auf der ganzen Front und dicht an unserer Grenze zusammen mit der notwendigen sozialistischen Kriegswirtschaft muß auch in Deutschland innenpolitische Folgen gefährlichster Art haben."[171] Graml interpretiert die Ansichten der konservativen Opposition sicherlich richtig, wenn er schreibt, das von ihnen ohnehin als

---

[169] Ebd. a.a.O.
[170] Graml: Vorstellungen, S. 105.
[171] Eintragung vom 11.10.1939, Hassell-Tagebücher, S. 126.

halb-bolschewistisch aufgefasste NS-Regime werde jetzt in noch schnellerem Tempo als bisher der „totalen Bolschewisierung" zusteuern.[172]

Vor diesem Hintergrund sind die seit Herbst 1939 wieder energisch betriebenen Putschvorbereitungen, sowie die Kontaktsuche mit England zu sehen. So gelang es Ulrich von Hassell im Februar 1949 in der Schweiz über seinen Mittelsmann Lonsdale Bryans ein so genanntes „Statement" an die englische Regierung zu übermitteln.[173] Hassells in wenigen Stichpunkten abgefasstes „Statement" darf für die außenpolitischen Vorstellungen des rechten Flügels des Widerstandes zu diesem Zeitpunkt als repräsentativ gelten.

Der schon seit 1938 als wichtigster Punkt geltender und auch hier wieder an erster Stelle stehenden Forderung „diesen unsinnigen Krieg zu beenden", folgte an zweiter Stelle die Sorge, dass Europa im Falle der Fortführung des Krieges „vollkommen zerstört und bolschewisiert" werden würde. Hassell führte weiter aus, dass „ein gesundes, lebenskräftiges Deutschland gerade im Hinblick auf das bolschewistische Rußland ein unentbehrlicher Faktor ist".

Hassell ging hier auf das Problem der Mittellage Deutschland zwischen Ost und West ein – ein Thema, das ihn immer wieder beschäftigte. In diesem Zusammenhang fiel nämlich Deutschland die Rolle eines „Bollwerkes" gegen den Bolschewismus[174] zu – eine Sichtweise, die mit der sich

---

[172] Graml: Vorstellungen, S. 105.
[173] Arosa, 23. Februar 1940, Hassell-Tagebücher, S. 168–172.
[174] Hassell äußerte sich in seinen sehr aufschlussreichen Tagebucheintragungen, er war zur Zeit der Krise in Berlin und sehr gut informiert, wenige Tage nach Abschluss des Paktes zu dieser Problemstellung folgendermaßen: „Ferner sind alle Elemente in Europa, die in uns noch einen Schutzwall oder Angriffsfaktor gegen den Bolschewismus erblicken, von uns innerlich abgeschwenkt, wobei noch offen bleibt, wie weit der Pakt lediglich ein unaufrichtiges Auskunftsmittel beider autoritärer Regime darstellt, wie weit ein endgültiges Zusammenrücken auf der

verschlechternden Kriegslage hinsichtlich der Kontakte mit den Alliierten noch eine große Bedeutung erlangen sollte.

Weiter ging Hassell davon aus, das Ziel eines Friedensschlusses müsse „eine dauernde Befriedung und Gesundung Europas auf fester Grundlage" sein. Unter der „festen Grundlage" verstand er sicherlich die unbedingte Vermeidung eines zweiten Versailles, das aus seiner Sicht nicht nur für Deutschland als europäische Friedensordnung diskreditiert sein musste. Sieht man sich daraufhin die deutschen Friedensbedingungen an, so wird klar, was sich die national-konservative Opposition unter einer „dauernden Befriedung" vorstellte. Die Bedingungen lauteten wie folgt:

> „Anerkennung der Vereinigung Österreichs und des Sudetenlandes. Kein Wiederaufrollen von Grenzfragen im Westen Deutschlands. Deutsch-polnische Grenze muß mit deutscher Reichsgrenze im Jahre 1914 übereinstimmen."[175]

Zwar wurde die üblicherweise von Hassell vehement vertretene Forderung nach Kolonien in dem „Statement" weggelassen. Aber die Erfüllung der genannten Forderungen würden dem Deutschen Reich automatisch eine Hegemonialstellung in Europa eingeräumt haben, auch wenn Hassell im selben Atemzug als Grundsätze der neuen Ordnung die Wiederherstellung eines unabhängigen Polens und einer tschechischen Republik, allgemeine Rüstungsverminderung und die „Anerkennung gewisser Leitgedanken durch alle europäischen Staaten" nannte. Unter dem letzten Gesichtspunkt ist sicherlich die Fixierung einer „anti-bolschewistischen Leitlinie" der europäischen Staaten zu verstehen.

Derartige Vorstellungen, wie sie in Hassells Forderungen an die Adresse Londons zum Ausdruck kamen, mögen befremdend wirken. Immer-

---

Basis weiterer Nationalisierung der Sowjets und weiterer Bolschewisierung des Nazismus." Eintragung vom 27.8.39, Hassell-Tagebücher, S. 113.
[175] Hassell-Tagebücher, S. 172.

hin befand sich Deutschland in einem von ihm selbst begonnenen Krieg. Dieses Problem hat auch die Forschung immer wieder beschäftigt, da diese Frage Teil einer bis in die jüngste Vergangenheit reichende Kontroverse darstellt: Inwieweit sind nämlich Forderungen der Honoratioren mit denen Hitlers identisch und damit automatisch verwerflich? Diese Arbeit will versuchen auch darauf eine Antwort zu geben, denn im Grunde lagen die Einstellungen der Nationalkonservativen im Rahmen einer konservativen Kontinuität, begründet im Bismarckreich und aufgrund historischer Analyse und Kontinuität in die Gegenwart übertragen.[176]

Für Hassell und die anderen dürften ihre Vorschläge und „Bedingungen" besonders aus einem Grund zwingend gewesen sein: Es stand für sie außer Frage, dass das deutsche Reich seine Großmachtbasis erhalten oder sogar noch erweitern müsse. Darin lag für sie die Grundbedingung für die Existenzsicherung Deutschlands. Denn nur so, wenn überhaupt, könne Deutschland den Gefahren vorbeugen, die sich aus seiner geostrategischen Lage ergäben[177]. Diese Sicht der Dinge wurde im Übrigen auch von den wohl meisten Deutschen geteilt, und schon deshalb wären zu diesem Zeitpunkt – zumindest nach Ansicht der Honoratioren – bescheidenere Vorschläge kaum denkbar gewesen. Hier scheint sich das von der Forschung immer wieder wiederholte Argument zu bestätigen, die an außenpolitische Erfolge gewöhnte Bevölkerung wäre nach einem etwaigen Staatsstreich nicht von der Notwendigkeit zu überzeugen gewesen, beispielsweise die Grenzen von 1937 zu akzeptieren.[178]

---

[176] So beginnen ausnahmslos alle Denkschriften und Aufsätze Becks, Goerdelers und Hassells mit seitenlangen historischen Diskursen und Erörterungen von Parallelen zu der gegenwärtigen Situation. Die Prägung durch das Bildungsideal des 19. Jahrhunderts wird hier sehr deutlich.
[177] Schöllgen: Opposition, S. 118.
[178] Ebd.

Im Grunde hatten sich die außenpolitischen Vorstellungen der Honoratioren seit 1938 nicht verändert, außer dass ihre „großdeutschen" Forderungen, die sie durch einen fortgesetzten friedlichen Revisionismus erreichen wollten, gewissermaßen übererfüllt wurden. Statt einer patriarchalisch-etatistisch geprägten Vorrangstellung Deutschlands in Europa, die allen europäischen Nationen zugute kommen und schließlich dazu helfen sollte, Europas Platz in der Welt zu sichern, zeichnete sich vor ihren entsetzten Augen immer mehr eine nationalsozialistische Gewaltherrschaft über Europa ab, die alle gesamteuropäischen Traditionen und Werte durch eine perverse Ideologie platt walzte. Lipgens beschreibt sehr treffend, wie sehr der national-konservativen Opposition Hitlers Vorgehen als „Abfall" von Europa, wie sie es definierten, vorkommen musste.[179] Die Honoratioren wollten die Rückkehr zur europäischen Kulturgemeinschaft, zum „Staatenkonzert" im klassischen Sinn, in dem ihrer Meinung nach eben Deutschland eine führende Rolle gebührte, ohne jedoch die anderen Nationen zu unterdrücken. Ihr Denken war strikt nationalstaatlich ausgerichtet, und die 1940/41 noch recht hochgespannten nationalen Erwartungen kennzeichneten einen Ausgangspunkt, von dem aus sich die außenpolitischen Konzepte der Honoratioren, insbesondere Goerdelers, noch sehr stark verändern sollten.

---

[179] Walter Lipgens (Hg.): Europa-Föderationspläne der Widerstandsbewegungen 1940–1945 (Schriften des Forschungsinstitutes der deutschen Gesellschaft für Auswärtige Politik e.V. 26), München 1968, S. 107.

3.2 Die Kreisauer Europakonzepte

3.2.1 Zu den außenpolitischen Grundsätzen des Kreisauer Kreises

Die außenpolitischen Vorstellungen des Kreisauer Kreises[180] gingen von einer ganz anderen Grundlage aus als die Vorstellungen der Honoratioren. Während die Honoratioren in ihrem außenpolitischen Denken beträchtliche Entwicklungen durchmachten, blieben die Grundsätze der Kreisauer die gleichen – sie wurden im Laufe der Zeit lediglich verfeinert.

Die zentrale Leitidee der außenpolitischen Vorstellungen des Kreisauer Kreises war die Verwandlung Europas aus einem Kontinent von Machtstaaten – diese repräsentierten nach bisheriger Auffassung einen höchsten sittlichen Wert und waren daher in ihrem Handeln niemandem verantwortlich – in einen Kontinent einer pluralistischen Staatengesellschaft, die in der Lage sein sollte, ihre Konflikte rational zu lösen.[181] Die Diskussionen um die Wandlung des Staatsbegriffs, die einen wesentlichen Bestandteil der Kreisauer Erörterungen bildeten, schlugen sich konkret in den außenpolitischen Konzepten nieder. So wurden schon auf der ersten Tagung des Kreisauer Kreises im Mai 1942 dem Staat über die nationalen Belange hinaus weitere Aufgaben zugewiesen:

> „Der Staat ist nicht die letztmögliche Organisationsform der Gemeinschaft. Es ist nicht einzusehen, warum die Menschen sich wohl über Familie, Gemeinde, sonstige Gliedeinheiten bis zum Staat zusammenschließend und zusammenge-

---

[180] Der Kreisauer Kreis ist aus einem Freundeskreis hervorgegangen, dessen Mittelpunkt Helmuth James Graf von Moltke und Peter von Wartenburg bildeten. Beide waren durch verwandtschaftliche Beziehungen schon länger miteinander bekannt, hatten aber nie engeren Kontakt. Seit Januar 1940 trafen sie sich regelmäßig, um über die Gestaltung eines zukünftigen Deutschlands zu diskutieren (Siehe Brief vom 16. Januar 1940, in: Helmuth James von Moltke: Briefe an Freya 1939–1945, hg.v. Beate Ruhm von Oppen, München 1988, S. 106f.). Der christlich-soziale Kreis wurde von ihnen kontinuierlich erweitert, so dass schließlich die beiden großen Konfessionen, Sozialisten und Gewerkschafter gemeinsame Pläne für die Zukunft Deutschlands ausarbeiteten.
[181] Graml: Vorstellungen, S. 118.

schlossen durchformen sollen, warum aber dieser Akt der Durchformung mit dem Staat im überkommenen Sinn aufhören soll. Der Staat strebt über sich selbst hinaus zu einer größeren ihn überhöhenden – für den europäischen Raum gesprochen – gesamteuropäischen Einheit."[182]

Die Europäisierung des Denkens müsse „von Innen" kommen, die europäischen Staaten müssten eine Wandlung ihres Selbstverständnisses vollziehen, d.h. eine Wandlung des Staatsbegriffes muss vollzogen werden. Der Nationalstaat als „letztmögliche Organisationsform der Gemeinschaft" habe sich in der Geschichte nicht bewährt, da durch die nationalstaatliche Organisation Europas die letztendlich selbstzerstörerischen Kriege nicht hatten verhindert werden können. Graml sieht eine der wichtigsten Grundlagen des Kreisauer Kreises in der Auseinandersetzung Bethmann Hollwegs mit der Obersten Heeresleitung.[183] Bethmann Hollweg habe eine Tradition moderner außenpolitischer Vorstellungen begründet. Diese markiere den Beginn einer Wendung zur „außenpolitischen Vernunft",[184] die ihre Konzeption nicht mehr vom Ausgang des Krieges, sondern vom Krieg selbst ableite.[185] Eine grundsätzliche Reform des außenpolitischen Denkens und

---

[182] Aus den Aufzeichnungen der ersten Kreisauer Tagung vom 22. bis 25. Mai 1942. Zitiert nach Roman Bleistein (Hg.): Dossier: Kreisauer Kreis. Dokumente aus dem Widerstand gegen den Nationalsozialismus, Frankfurt a. Main 1987, S. 129.
[183] Graml: Vorstellungen, S. 119.
[184] Ebd.
[185] So schreibt Wilhelm Wengler, ein Mitarbeiter Moltkes, in der für völkerrechtliche Fragen zuständigen Gruppe des Amtes Ausland/Abwehr, Moltke sei sich bewusst gewesen, dass die Haager Landkriegsordnung und die anderen positiven Regeln des Kriegsführungsrechts dem Charakter des modernen Krieges nicht mehr entsprachen: „Diese Regeln gingen von der Vorstellung aus, der Krieg spiele sich darin ab, daß dem Kampfeswillen des einzelnen Kombattanten mit physischer Gewalt so lange zugesetzt wird, bis er den Widerstand aufgibt. Anstatt dessen macht der moderne Krieg die Vernichtung des Gegners und seiner Hilfsquellen als solche zum Gegenstand der Kriegsführung: Der Luftwaffe war die Vernichtung der Fabriken und der Menschen, welche die Waffen herstellen, physisch möglich geworden, und sie erschien lohnender als das alte taktische Ziel, die an der Front eingesetzten Kanonen des Gegners zum Schweigen und ihre Mannschaft zur Kapitulation zu zwingen [...] Die endgültige Vernichtung des Gegners und seiner Mittel ist zur selbständigen taktischen Aufgabe geworden, der Einsatz der Vernichtungsmittel erfolgt nicht mehr, um den Widerstandswillen der Betroffenen zu brechen, sondern um der Vernichtung selber willen, die ihrerseits sogar zum strategischen Kriegsziel zu werden droht." Zitiert nach Wilhelm Wengler: Vorkämpfer der Völkerverständigung

des Systems der zwischenstaatlichen Beziehungen sei unumgänglich. Imperialismus und Nationalismus könnten ihrer inneren Logik nach letztlich zwischen den einzelnen Staaten nur zerstörerisch wirken. Die Angehörigen des Kreisauer Kreises sahen im Krieg Nazi-Deutschlands – das Imperialismus und Nationalismus als Grundlage seiner Ideologie betrachtete und zusammen mit rassistischem Gedankengut zu einer noch nie da gewesenen Zerstörungswut verband – den letzten Beweis für die Unmoral und das Versagen des europäischen Machtstaatsgedankens.

Der Versailler Friedensvertrag muss aus der Perspektive des Kreisauer Anspruchs nicht als Angriff auf die elementaren Lebensinteressen Deutschlands gesehen werden, sondern als Rückfall in die gewissermaßen reaktionäre außenpolitische Begriffswelt der Zeit vor dem Ersten Weltkrieg. Der nach dem Völkerringen des Ersten Weltkrieges vollzogene „Rückschritt" zur Großmachtpolitik – besonders in Frankreich – trug zur Entfremdung zwischen den europäischen Ländern bei und unterstützte den Aufstieg des Nationalsozialismus.[186] Die in den dreißiger Jahren einsetzende „Appeasement"-Politik konnte dieser Entwicklung nicht mehr entgegenwirken. Im Gegenteil: Appeasement ermöglichte außenpolitische Prestigeerfolge des NS-Regimes und unterstützte somit ungewollt Hitlers Kriegspläne.[187]

---

und Völkerrechtsgelehrte als Opfer des Nationalsozialismus. H.J. Graf von Moltke (1907–1945), in: Die Friedens-Warte 6 (1948), S. 297–305, S. 298.

[186] Nach Graml hat Moltke jedoch den Einfluss des Versailler Friedensvertrages auf die Entstehung des Nationalsozialismus überschätzt. Graml: Vorstellungen, S. 123.

[187] So schrieb Moltke, schon im Juni 1935: „Ich fürchte, daß diese Politik [des Appeasement] in England Erfolg haben wird [...] ich fürchte, daß sie sich als für Deutschland irreführend erweisen wird: sie wird unsere Regierung in ihrem Glauben bestärken, wir könnten mit der britischen Neutralität rechnen, während in Wirklichkeit England an Frankreichs Seite kämpfen wird, falls in Europa Krieg ausbricht [...] England ist in diesem Kampf nicht Schiedsrichter, sondern Partei; aber Englands nachgiebige Politik führt dazu, daß die Deutschen glauben, es sei Schiedsrichter." Zitiert nach M. Balfour, J. Frisby u. F. v. Moltke: Helmuth James Graf von Moltke 1907–1945, Berlin 1984, S. 72.

Natürlich dürfen auch die außenpolitischen Vorstellungen der Kreisauer, ebenso wie die der Honoratioren, nicht statisch betrachtet werden. Wegen der großen Veränderungen der außenpolitischen Lage während des Krieges und unter dem Eindruck der nationalsozialistischen Verbrechen machten die Konzepte der Kreisauer eine Entwicklung durch. Auch darf nicht vergessen werden, dass der Kreisauer Kreis ein Sammelbecken der unterschiedlichsten politischen Richtungen war. So waren sich Adam von Trott zu Solz und Helmuth James Graf von Moltke, deren Konzepte in dieser Arbeit schwerpunktmäßig untersucht werden, über ihre grundsätzlichen Ziele einig, hatten aber in ihren Vorstellungen unterschiedliche Gewichtungen: Trott hielt im Grunde immer an seiner stark nationalen Einstellung fest, während Moltke die Souveränität der Einzelstaaten prinzipiell in Frage stellte.[188] Beider Ziel war jedoch, in Europa eine neue Ordnung aufzubauen, in der die im machtstaatlichen Prinzip verborgene politische Sprengkraft entschärft und ein gleichberechtigtes Nebeneinander der einzelnen Staaten möglich sein sollte. Adam von Trott sprach sicherlich für den gesamten Kreisauer Kreis, wenn er schrieb:

> „Entweder ging [Europa] schon 1914 unter, oder aber es ist nie untergegangen und ringt [mit an der Spitze der Menschheit] um eine neue adäquate Form der Daseinsberechtigung. Auf die letztere Hypothese habe ich schon immer mein Leben gestellt, und die schweren äußeren Zerstörungen erschüttern mich im Innersten nicht."[189]

---

[188] Graml: Vorstellungen, S. 125. Roon: Neuordnung, S. 463. Zu Trott siehe auch Henry O. Malone: Adam von Trott zu Solz: Nationalismus als Motiv für den Widerstand?, in: Schmädeke, Steinbach: Widerstand, S. 652–663.
[189] Aus einem Brief Trotts an seine Frau, 3. Februar 1944. Zitiert nach Trott zu Stolz: Lebensbeschreibung, S. 190.

3.2.2 Europakonzepte zu Beginn des Krieges

Eine der ersten schriftlich fixierten außenpolitischen Konzeptionen der Kreisauer findet sich in einem Memorandum, welches Adam von Trott Ende 1939 während eines USA-Aufenthaltes dem dortigen Außenministerium zukommen lassen wollte.[190] Trott arbeitete zwar erst ab April 1941 intensiver mit den Kreisauern zusammen,[191] doch da viele seiner außenpolitischen Vorstellungen maßgeblichen Einfluss auf die Konzepte der Kreisauer gewannen, soll dieses Memorandum hier untersucht werden.[192] Es markiert den Anfang einer weitergehenden Entwicklung.

Trotts Reise 1939 in die USA, wo er, getarnt als Delegierter des Auswärtigen Amtes für eine internationale Konferenz, für den Widerstand arbeitete, endete erfolglos. Die amerikanischen Behörden ließen sich von seiner Integrität als Angehöriger des Widerstandes nicht überzeugen.[193] Das Memorandum, das letztendlich von der US-Regierung nicht akzeptiert wurde, muss im Rahmen des von den Amerikanern im Jahr 1939 noch als rein europäisch angesehenen Krieges betrachtet werden. Eine Sichtweise,

---

[190] Die englischen Originale sind abgedruckt bei Hans Rothfels: Adam von Trott und das State Department, in: VZG 7 (1959), S. 318-332 (deutsche Übersetzung von der Verfasserin).

[191] Treffen zwischen Trott und Moltke fanden aber schon seit Herbst 1939 statt (Brief Moltkes an seine Frau vom 19.9.39, in: Moltke: Briefe. Van Roon schreibt von intensiven Kontakten zwischen Trott und Hans-Bernd von Haeften, einem anderen Angehörigen des Auswärtigen Amtes, mit Moltke im April/Mai 1941. Diese beiden „außenpolitischen Spezialisten" des Kreises sollen Moltkes Denkschrift „Ausgangslage, Ziele, Aufgaben" erheblich beeinflusst haben. Roon: Neuordnung, S. 220f.

[192] Die Autorenschaft der Denkschrift ist in der Forschung umstritten (Christopher Sykes: Adam von Trott. Eine deutsche Tragödie, Düsseldorf/Köln 1969, S. 235f.; Roon: Neuordnung, S. 149). Fest steht, dass Trott noch Co-Autoren hatte und die „damals in den ernsthaften Kreisen der Opposition vorherrschenden Überzeugungen zum Ausdruck brachte". Zitiert nach Trott zu Stolz: Lebensbeschreibung, S. 143.

[193] Die USA-Reise Trotts von September bis Dezember 1939 ist ein tragisches Beispiel dafür, auf wie viel Unverständnis die Doppelrolle des scheinbar loyalen Staatsdieners und Verschwörers stoßen konnte. Trott wurde vom FBI als „Spion" eingestuft, das an Roosevelt gerichtete Memorandum nicht weitergeleitet. Zu diesem Themenkomplex: Trott zu Stolz: Lebensbeschreibung, S. 139–148; Sykes: Tragödie, S. 225–270.

die noch von den militärischen Erfahrungen des Ersten Weltkrieges geprägt war.

Der Widerstand wollte mit diesem Memorandum also Kontakt mit den noch nicht in den Krieg eingetretenen USA herstellen, um diese – wohl voraussehend, dass sie noch eine entscheidende Rolle übernehmen würden – zu veranlassen, von vornherein eine für Deutschland günstige Linie einzunehmen. Auch sollte vermutlich ein Gegengewicht zu den englischen radikal-deutschlandfeindlichen Strömungen – deren prominentester Vertreter Sir Robert Vansittart war[194] – geschaffen werden, da diese natürlich auch die Linie der USA beeinflussen mussten.

Im Eröffnungsabschnitt des Memorandums wurden zwei Ansichten des Auslandes über Deutschland gegenübergestellt. Die eine „geht von der Voraussetzung aus, dass Deutschland jetzt den schlüssigen Beweis seiner Unfähigkeit, unter gleichen Bedingungen mit anderen europäischen Staaten friedlich zusammen zu leben, gegeben habe. Infolgedessen wird es für notwendig erachtet, Deutschland so zu schwächen, dass keine Hoffnung auf Erholung mehr bestehe, und mit diesem Ende in Sicht, es in mehrere Teile aufzuteilen."[195] Die andere Ansicht „geht von der Voraussetzung aus, daß der Versailler Vertrag und besonders die Art seiner Anwendung zu schroff gewesen seien, und das der gegenwärtige Krieg das natürliche Ergebnis gewesen sei [...] Deutschland sollte nach dieser Sicht eine faire Basis für seine nationale Existenz garantiert werden [...] Die Teilung Deutschlands, unter welchen Umständen auch immer, wird von diesen Kritikern als

---

[194] Zum Phänomen des „Vansittartismus" vgl. Aaron Goldmann: „Germans and Nazis: The Controversy over ‚Vansittartism' in Britain during the Second World War", in: Journal of Contemporary History 14 (1979), S. 155–191.
[195] Rothfels: State Department, S. 322.

Katastrophe für den zukünftigen Frieden in Europa angesehen."[196] Im Folgenden wird deutlich, dass die Verfasser des Memorandums – wenig überraschend – mit der zweiten Ansicht übereinstimmten:

> „Diese Gruppe würde eine radikale Abkehr von allen Experimenten verlangen, die auf der alten Konzeption der ‚Machtpolitik' basieren. Sie betrachtet Europa, und Deutschland innerhalb Europas, als reif für einen Versuch, zu anderen Methoden zu greifen, die die zugrundeliegenden ökonomischen und sozialen Faktoren mehr einbeziehen. Sie betrachten es als ein gefährliches Dogma, daß dieser Krieg von 1939 [...] die ewige Kriegstreiberei Deutschlands beweist. Die Periode nach dem Versailler Vertrag muß, ihrer Meinung nach, als ein abnormaler Zustand angesehen werden, der dazu bestimmt war, in vollkommenen außergewöhnlichen Reaktionen zu resultieren, wie zum Beispiel die Unterwerfung Deutschlands unter eine extremistische Regierung."[197]

Das Memorandum wollte durch diese Gegenüberstellung Verständnis für Situation und Absichten der nationalen Interessen Deutschlands wecken und die „vernünftigen" Ansichten der deutschen Opposition darlegen. Es wurde gewarnt, „wenn die Theorie akzeptiert wird, daß Deutschland dazu verdammt bleibt, ein ruchloses Element in der europäischen Familie der Nationen zu bleiben, kann jede Proklamation von Kriegszielen auf dieser Basis nur Schaden anrichten [...] Obgleich das deutsche Volk in zunehmendem Maß in Opposition zur nationalsozialistischen Regierung und erbittert über deren Politik ist, ist klar, daß nur eine unbedeutende Minderheit ihre Unterstützung dem gegenwärtigen Regime verweigern wird, wenn die Erhaltung der deutschen Nation auf dem Spiel steht."[198]

Die Gedankengänge des Memorandums, in dem die Opposition des deutschen Volkes mit übertriebenem Optimismus dargestellt wurde, mün-

---

[196] Ebd., S. 322f.
[197] Ebd.
[198] Ebd.

deten in eine Kriegszieldiskussion, in der die Wichtigkeit, Wirkung und das ratsame Vorgehen bei der erwarteten, möglichst frühen Veröffentlichung der Kriegsziele der Alliierten dargelegt wurden. Die Opposition werde eine möglichst frühe Erklärung der Kriegsziele begrüßen, vorausgesetzt diese bedeuteten eine Abkehr von Versailles, dessen negative Auswirkungen zuvor dargestellt worden seien.[199] Die Furcht vor einem „neuen Versailles" zieht sich wie ein roter Faden durch die Denkschrift. Die Abkehr von dem machtstaatlichen Prinzip glaubte das Memorandum schon festgestellt zu haben: „Beinahe unmerklich hat der ganze Komplex des nationalen Prestiges seinen Rückhalt in den europäischen Völkern verloren. Aus diesem Grund wird eine definitive Bewegung hin zur europäischen Kooperation viel einfacher sein als nach dem letzten Krieg."[200] Mit Nachdruck wurde auf Wilsons „Vierzehn Punkte" hingewiesen und betont, dass die europäische Zukunft auf gesundem Menschenverstand basieren müsse, nicht auf zu hoch gegriffenen Idealen.[201]

In dem Memorandum wurden konkrete Bedingungen für einen Friedensschluss vermieden – ganz im Gegensatz zu Hassells „Statement" – es ging eher darum, die deutsche Opposition und ihre außenpolitischen Vorstellungen vorzustellen und als ernstzunehmende Alternative zu Hitler zu präsentieren. Es war lediglich von „bestimmten maximalen Konzessionen" und der Sicherung des „territorialen Status von 1933"[202] die Rede. All dies sei nötig, damit Deutschland an einer „kooperativen europäischen Zukunft"[203] teilhaben könne. Um weitere Kriege in Europa zu vermeiden, müsse „die Maschinerie für europäische Zusammenarbeit in Gang gesetzt

---

[199] Ebd., S. 323.
[200] Ebd., S. 326.
[201] Ebd., S. 327.
[202] Ebd.
[203] Ebd.

werden".[204] Im Schlusswort des Memorandums wurde deshalb die wichtige Rolle der USA für den von der Opposition erhofften Friedensprozess betont. Die US-Diplomatie habe genug Einfluss auf die Alliierten, um diese zu „rationalen Kriegszielen"[205] zu bewegen. Offensichtlich ist hier der Versuch unternommen worden, einer pauschalen Abstempelung Deutschlands, wie sie im Ersten Weltkrieg geschehen war, vorzubeugen und den Alliierten von vornherein die Gemeinsamkeiten zwischen ihren Vorstellungen und denen der deutschen Opposition klar zu machen.[206] Unklar ist, ob dieses Schlusswort, welches sich wie eine Prophezeiung der zukünftigen Rolle der Vereinigten Staaten während des Krieges liest, die Bedeutung der USA in diesem Sinne schon miteinberechnete. Plausibler erscheint das Kalkül, dass die USA als eine den Alliierten zwar zuneigende, aber immer noch neutrale Macht angesehen wurde, die den Vorstellungen der gemäßigten Kräfte aus beiden feindlichen Lagern im eigenen Interesse zur Durchsetzung verhelfen musste.

Das Memorandum spiegelt viel von dem Selbstverständnis der Kreisauer wider: die Überzeugung, dass Deutschland in eine europäische Ordnung mit einbezogen und eingebunden werden müsse, die Bedachtheit, außenpolitische Fehler in und nach dem Ersten Weltkrieg nicht zu wiederholen, den Glauben an die Überzeugungskraft rationaler Argumente und schließlich die Einsicht, nur durch die Zusammenarbeit mit dem kulturell

---

[204] Ebd., S. 325.
[205] Ebd., S. 328.
[206] „Solch eine Verständigung, besonders wenn es jemals zu einem dauerhaften Abkommen kommen soll, verlangt aus unserer Sicht eine besondere Notwendigkeit, die zunehmend von Propaganda und undifferenzierter Kriegsleidenschaft verdeckt wird." Ebd.

verwandten Westen eine dauerhafte Friedensordnung in Europa zu schaffen.[207]

Einen Einblick in die konkreteren außen- bzw. europapolitischen Grundlagen für eine „westliche Kooperation"[208] geben die erhalten gebliebenen Notizen Trotts, die er während seines USA-Aufenthaltes anfertigte.[209] Wie in dem Memorandum ging Trott auch hier von der in allen europäischen Völkern elementar empfundenen Unerträglichkeit der dauernden gegenseitigen Kriegsbedrohung in Europa aus. Deshalb müsse ein „neues Lebenssystem" geschaffen werden. Als Beispiel für eine solche Kooperation liege das Vorbild der Vereinigten Staaten nahe, „die durch eine gemeinsame nationale Grenze, durch Zoll- und Währungsunion prima facie die Möglichkeit innerer gewalttätiger Konflikte ausgeschaltet haben".

Trott wandte zwar ein, die Vereinheitlichung von Währung und Zoll in Europa würde auf Seiten der westlichen und der kleineren Staaten auf den unüberwindlichen Einwand des Erdrücktwerdens durch den überlegenen deutschen Produktionsapparat stoßen. Aber er glaubte, diese Spannungen könnten durch „großzügig konzipierte gemeinsam-europäische Wirtschaftserschließungsaktionen" gelöst werden, die Europa zu einer Konsortialgesellschaft machen würden und „an die Stelle der Rüstungsindustrie treten könnten". Trott folgerte: „Die gesinnungswandelnde Begleiterscheinung solcher Unternehmen würde Europa zu weitergehender Kooperation auf

---

[207] In einer ebenfalls in den USA (New York, Spätjahr 1939) entstandenen Denkschrift für den britischen Außenminister Lord Halifax mahnte Trott nochmals eine differenzierte Unterstützung der englischen Politik für die Opposition in Deutschland an: „This is not a matter of clever propaganda technique of which the German public is sick and tired but of basing your policy on what should strike yourselves and your potential German cooperators as a convincing ‚change of heart', a real determination to build the peace of Europe on justice and equality." Zitiert nach Hans Rothfels: Trott und die Außenpolitik des Widerstandes", in: VZG 12 (1964), S. 300–323, S. 313.
[208] Lipgens: Europa-Föderationspläne, S. 106.
[209] Abgedruckt bei Rothfels: Außenpolitik, S. 315f.

anderen Gebieten befähigen." Hier manifestierte sich zum ersten Mal die Konzeption der Kreisauer, europäische Zusammenarbeit und Friedenssicherung auf Grundlage der wirtschaftlichen Verflechtungen zwischen den europäischen Nationen aufzubauen. Noch ein weiterer wichtiger Bestandteil der Kreisauer Konzeptionen wird hier schon sichtbar – die Betonung der sozialen Komponente im künftigen Europa. So sollte der Ausbau einer „Magna Charta der Arbeit" angestrebt und in die Zuständigkeit eines „gemeinsamen höchsten Gerichtshofes" gelegt werden. Dieser wiederum sollte einen „gesamteuropäischen staatsbürgerlichen Status" schaffen, der die Grundlage zu weiteren Zusammenlegungen der „administrativen Souveränität auf Teilgebieten des Lebens" ermöglichen und den Maßstab für die Befähigung von Einzelstaaten zur Teilhabe bestimmen sollte.

Auch die im Zuge dieser europäischen Kooperation unumgängliche Abrüstung zur „Beseitigung des Krieges" sollte verbindend wirken. So schlug Trott die Überführung der militärischen Luftfahrt in die Hände der sich entwickelnden Zentralkörperschaft sowie die Zusammenlegung der Kriegsmarine vor.[210] Afrika müsse zu einem europäischen „Kooperationsfeld" umgeschaffen und andere überseeische Arbeitsmöglichkeiten eingebracht werden. Über die Stellung und Zukunft der europäischen Kolonien wurde nichts Näheres gesagt.

Die Auffassungen des Kreisauer Kreises zielten von Beginn des Krieges an auf eine europäische Lösung mit westlicher Ausrichtung. Die Vorherrschaft eines einzigen Staates im Sinne einer „Ordnungsmacht" war in seinen Vorstellungen nicht vorgesehen. Russland wurde in die Europakonzeption nicht miteinbezogen. Die „Nazi-Bolschewik Verbrüderung"[211] hatte

---

[210] Ebd.
[211] Rothfels: State Department, S. 324.

die russische Regierung diskreditiert, und so schlossen die Kreisauer – wie auch die Honoratioren – die Gefahr einer Verschmelzung beider Ideologien zu einem „National-Bolschewismus" nicht aus.[212] Im Folgenden wird noch weiter auf konkrete Inhalte und Entwicklungen der Kreisauer Konzeptionen einzugehen sein.

3.2.3 Die Denkschrift „Ausgangslage, Ziele und Aufgaben" von 1941

Auf den schon 1939/40 gelegten Grundstein der Europakonzepte wurde in den folgenden Jahren weiter aufgebaut. Neben grundsätzlichen Überlegungen, wie eine fruchtbare Zusammenarbeit zwischen den Nationen nach dem Krieg in Europa aussehen könnte, kamen ab 1941 konkrete Konzepte für die Struktur und Organisation Nachkriegseuropas auf.

Wie weit die Europäisierung von Moltkes Denken schon gediehen war, zeigt eindrucksvoll seine Denkschrift „Ausgangslage, Ziele und Aufgaben". Das Schriftstück enthält Moltkes Ansichten über die soziale Situation in Europa, die Nachkriegsziele, die wahrscheinliche Lage bei Kriegsende und eine Liste von außenpolitischen Fragen, die beantwortet werden mussten – kurz, eine Zusammenfassung seiner bisherigen Tätigkeit im Widerstand und seine Pläne für die zukünftige Arbeit auf außenpolitischem Gebiet.[213] Von der Denkschrift gibt es drei Fassungen: Neben der sehr ausführlichen ersten Fassung schrieb Moltke noch zwei weitere, stark gekürzte Versionen der Denkschrift. In der zweiten und dritten Fassung wurden die zu bearbeitenden Fragestellungen deutlicher als in der Hauptdenkschrift

---

[212] Ebd.
[213] Balfour, Frisby, Moltke: Moltke, S. 146.

geschehen, in einzelne Sachthemen aufgeteilt, womit das für den Kreisauer Kreis später bekannte Sachverständigenverfahren seinen Anfang nahm.[214]

Die Entstehungszeit der Denkschrift fällt in die Zeit vor dem Russlandfeldzug, als Hitlers Armeen dabei waren, einen europäischen Krieg zu gewinnen, der sich noch in gewohnten politischen Denkschemata abspielte. Während jedoch die Honoratioren ihre außenpolitischen Konzepte der Überlegenheit Deutschlands anpassten, betrachtete Moltke diese Phase der außenpolitischen Erfolge des „Dritten Reiches" lediglich als eine Durststrecke bis zum großen „Umschwung". Er schrieb:

> „Wir sind von dem Umschwung noch soweit entfernt wie Voltaire von der französischen Revolution, als er es sich zur Übung machte, seine Briefe mit den Worten zu schließen: écrasez l'infâme. Wie lange muß ihm damals der Weg erschienen sein, und wie kurz scheint er uns heute, der Weg zwischen geistiger Überwindung und tatsächlichem Umschwung. Damit muß man sich trösten und neu denken."[215]

Es kann wohl angenommen werden, dass Moltke gerade von den außenpolitischen Erfolgen Hitlers dazu angespornt wurde, alternative Konzepte zu entwickeln. An Peter York schrieb er einige Tage vor der Kapitulation Frankreichs:

> „Nun, da wir damit rechnen müssen, einen Triumph des Bösen zu erleben, und während wir gerüstet waren, alles Leid und Unglück auf uns zu nehmen, statt dessen im Begriffe sind, einen viel schlimmeren Sumpf von äußerem Glück, Wohlbehagen und Wohlstand durchwaten zu müssen, ist es wichtiger als je, sich über die Grundlagen einer privaten Staatslehre klar zu werden."[216]

---

[214] Lipgens: Europa-Föderationspläne, S. 118. Erste Fassung vom 24.4.1941 und dritte Fassung vom 20.6.1941 abgedruckt bei Roon: Neuordnung, S. 507–517 u. 518–520; zweite Fassung abgedruckt bei Lipgens: Europa-Föderationspläne, S. 118–120.
[215] Brief an Horst von Einsiedel vom 16.6.1940. Ger van Roon (Hg.): Helmuth Graf von Moltke. Völkerrecht im Dienste der Menschen. Dokumente, Berlin 1986, S. 159.
[216] Brief an Peter Graf York von Wartenburg vom 17.6.1940. Ebd.

Wahrscheinlich wollte er auch gegenüber seinen Mitverschworenen ein Zeichen setzen, von denen einige dazu neigten, den militärischen Erfolg in Frankreich und die dort nun offenbar vorhandene europäische Bereitschaft auf dem Boden der vollzogenen Tatsachen – im Sinne europäischer Bestrebungen – politisch zu benutzen. Diesem Ansinnen trat Moltke energisch entgegen:

> „Die weite Diskrepanz, die [...] heute zwischen Wille und Erkenntnis auf der einen Seite, Wirklichkeit und Erscheinungsform [= „Drittes Reich", Anm. der Verf.] auf der anderen besteht, ist unerträglich. Mit Erwarten würden wir die geistige Gemeinschaft mit den Besten der anderen Nationen zerstören, falls wir uns dazu hergeben würden, sie mit einem Zustand auszusöhnen, der gerade beseitigt werden muß, um sie wie uns aus der Spannung zwischen Erkenntnis und Erscheinungsform zu lösen."[217]

Der „Abrißunternehmer"[218] Hitler habe den „Neubau" Europas durch die Beseitigung der „Fassade" zwar erleichtert, vermöge aber nicht, diesen „Neubau" durchzuführen. Graml interpretiert Moltkes Äußerungen dahingehend, in dessen Augen habe der Feldzug der traditionellen europäischen Großmachtpolitik den letzten Rest an Glaubwürdigkeit genommen: Der Anspruch Frankreichs sei mit geradezu „beiläufiger Leichtigkeit"[219] abgetan worden, während der Triumph Deutschlands an dem politischen Verhältnis der beiden Völker im Grunde nichts geändert hätte. Die Vorherrschaft Deutschlands könne die „europäische Krankheit des Nationalismus"[220] nicht kurieren, über kurz oder lang würde es zu neuen Kriegen im Sinne traditioneller Machtpolitik kommen. Wie klar Moltke diesen Sachverhalt sah, zeigt folgende Äußerung:

---

[217] Brief an York vom 12.7.1940. Roon: Neuordnung, S. 483.
[218] Ebd., S. 484.
[219] Graml: Vorstellungen, S. 124.
[220] Roon: Neuordnung, S. 452.

> „Ich bin folgender Meinung: es ist unsere Aufgabe, uns zu einer so klaren Erkenntnis durchzuringen, daß wir es uns und anderen ermöglichen, aus dieser Klarheit heraus die jetzige Erscheinungsform zu überwinden. Nicht aber dürfen wir im Interesse der Erhaltung der jetzigen Erscheinungsform (und dazu gehört auch der Sieg und seine Früchte) unsere Erkenntnis und die Erkenntnis anderer vernebeln."[221]

Moltke begann seine Denkschrift mit einem als „Ausgangslage" bezeichneten Abschnitt, in dem er die Ursachen der gegenwärtigen Situation in Europa untersuchte. Obwohl es sich hier um staatstheoretische Ausführungen handelt, die mit Außenpolitik nicht direkt etwas zu tun haben, erscheint es im Rahmen der Untersuchung der Gesamtkonzeption der Kreisauer doch notwendig, darauf einzugehen. Moltkes fundamentaler Ausgangspunkt war die Feststellung, dass der Einzelne ungebunden aber unfrei sei.[222] Der Einzelne habe sich in freiwillige religiöse, gesellschaftliche und kulturelle Bindungen gegeben. Der Staat des 20. Jahrhunderts – insbesondere der NS-Staat – habe aber seine Forderungen auf den „ganzen Menschen"[223] ausgedehnt, und mit diesem Missbrauch der weltlichen Gewalt sei das Gefühl der Bindung verloren gegangen. Dadurch sei das Gefühl der inneren Verbundenheit mit dem Staat durch einen dem Herdentrieb ähnlichen Zusammenhalt zum gegenseitigen Schutz durch Gewalt auf der einen Seite und durch Zwang auf der anderen Seite ersetzt worden. Der Einzelne, der seine Bindungen verloren habe, sei seiner Freiheit beraubt worden: „Dies gilt für Kontinental-Europa, vielleicht auch für Rußland."[224]

---

[221] Brief vom 12.7.1940. Ebd., S. 484.
[222] Ebd., S. 507.
[223] Ebd., S. 508.
[224] Ebd.

Die Verantwortung des Einzelnen sei in Auflösung begriffen. Alle „kleinen Gemeinschaften"[225] – z.B. die alten Selbstverwaltungskörper, kulturelle und soziale Einrichtungen aller Art – würden allmählich von staatlichen Organisationen übernommen. Dies sei eine Methode, mit welcher der Staat die in den kleinen Gemeinschaften gebundenen Energien für seine Zwecke freimachte. Moltke beklagte, mit der Auflösung der kleinen Gemeinschaften sei auch ein Verantwortungsgefühl für die Entwicklung der Gesamtmenschheit geschwunden. Wichtig wird hier Moltkes Kritik an der Allmacht des Staates über die Einzelperson, dem Anspruch des „totalen Staates". Dies führe auch dazu, dass der Einzelne keinen Einfluss mehr auf das Gemeinwesen nehmen könne. Im Verlauf seiner Analyse des gegenwärtigen Staates kam Moltke schließlich zu dem Schluss:

> „Es ist auch im Augenblick nicht zu sehen, wie sich ein solches Verantwortungsgefühl betätigen sollte. Eine Verantwortung des Einzelnen für den Staat als solchen gibt es auch nicht mehr. Der Staat kann heute allein durch seine Organisation leben; der Einzelne hat in der Organisation stets nur eine solche Stellung, die ihn nicht zum Gefühl einer Verantwortung für das Ganze gelangen läßt. Die Staatsorganisation besteht aus Technikern, aus Spezialisten, die in der Vereinzelung arbeiten."[226]

Moltkes Kritik am modernen industrialisierten Staat – und dessen pervertierter Form, dem „Führer"-Staat – ist in ihrer Konsequenz sehr radikal. Die „neue Ordnung" sollte seiner Meinung nach mit der Verneinung des „Idols des Staates"[227] beginnen. Denn nur, wenn im Einzelnen die Gebundenheit an Werte, „die nicht von dieser Welt sind"[228], wiedererweckt würde, und zwar die Gebundenheit aller an die gleichen Werte, dann könnten die im

---

[225] Ebd.
[226] Ebd.
[227] Moltke, zitiert nach Graml: Vorstellungen, S. 122.
[228] Im Gegensatz gesehen zu Werten, die von Menschen festgelegt und dann als Absoluta in der Gemeinschaft gesetzt werden. Roon: Neuordnung, S. 509.

Selbstverständnis als zerstörerisch – da von Menschen gesetzten – „Werte" des Nationalismus und des Rassegefühls überwunden werden:

> „Es soll ein Zustand angestrebt werden, bei dem Parteiungen und Entzweiungen unter den Menschen des Erdballs nur sekundäre Bedeutung haben, weil [...] die Menschen ihre hauptsächliche Ausrichtung von dem alle gleichmäßig anziehenden und beeinflussenden Magneten erhalten und weil auch Feinde in den wesentlichsten Punkten übereinstimmen. – Diese gleichen Werte vermag ich jedoch nicht näher zu bestimmen, weil es Aufgabe der gesamten Menschheit sein muß, diesen Magneten zu schaffen und weil es anmaßend wäre zu sagen, an einer Stelle bestünde er schon und es sei lediglich die Aufgabe der Anderen, sich in diesem Kraftfeld einzuordnen."[229]

Die hohen moralischen Forderungen Moltkes erscheinen utopisch, und er selbst räumte auch ein, dieses Ziel sei für Einzelne immer, für alle Menschen aber nie erreichbar.[230] Er war aber optimistisch, dass eine entsprechende Haltung bei so vielen Menschen erreicht werden könne, dass dadurch die menschlichen Angelegenheiten entscheidend beeinflusst werden könnten.

Die hier manifestierte Forderung nach einem völligen Neuaufbau der menschlichen Gemeinschaft nach dem Krieg – „das Kriegsende wird eine Bereitschaft zu Einkehr und Buße finden wie noch niemals seit dem Jahre 999, als das Ende der Welt erwartet wurde"[231] – mag abgehoben klingen und in der Realität der Geschichte trotz vieler Versuche noch niemals Erfolg gezeigt haben, aber sie macht klar, wie radikal Moltke dachte. In dieser Form konnte er seine Utopie – als solche müssen seine Forderungen wohl gewertet werden – später im Kreisauer Kreis zwar nicht durchset-

---

[229] Ebd.
[230] Ebd., S. 510.
[231] Ebd., S. 511.

zen,[232] aber seine praktischen Schlüsse fanden auch bei den weniger radikalen Denkern der Kreisauer Eingang.

Aufgrund seiner Analyse des Staatsbegriffs hatte Moltke „geistige Entwicklungsrichtungen"[233] aufgespürt, die unmittelbar seine außenpolitische Konzeption beeinflussten. Er erwartete das Ende der Machtpolitik, das Ende des Nationalismus, das Ende des Rassegedankens und das Ende der Gewalt des Staates über den Einzelnen:

> „Diese vier Bindeglieder für Handlungen von Gemeinschaften werden durch diesen Krieg ihre Widerlegung erfahren. Sie werden sich selbst ad absurdum führen, sie haben es zum Teil schon getan: die weiteste Ausdehnung der Macht wird nicht den Frieden bringen; der Nationalismus hat sich bereits als nicht mehr zugkräftige Parole erwiesen, so in Frankreich, so in Deutschland; der Rassegedanke ist absurd, wenn das angeblich die Rasse schützende und hochhaltende Land sich mit ausgesprochenen Rassefeinden verbindet, das rassentolerante Land aber die Rasseninteressen schützt; wenn die größte Gewalt des Staates über den Einzelnen nicht zum Frieden führt, so wird dies zu einer Zurückdämmung dieser Gewalt führen."[234]

Die Überwindung zumindest der ersten drei Faktoren, die bisher die Beziehungen zwischen den europäischen Völkern bestimmt hatten, war für Moltke die Voraussetzung für seine Nachkriegskonzeptionen. Doch wie hätte es nach Meinung Moltkes nach Kriegsende in Deutschland und Europa ausgesehen? Dieser wichtigen Frage widmete er einen eigenen Abschnitt über die angenommene politische und militärische Lage bei Kriegsende. Er ist in einen außenpolitischen und innenpolitischen Teil gegliedert. Unter „Außenpolitik" verstand Moltke hier nicht nur die Deutschland

---

[232] Graml: Vorstellungen S. 122.
[233] Roon: Neuordnung, S. 510.
[234] Ebd., S. 511.

betreffenden Angelegenheiten, sondern die weltpolitische Situation Gesamteuropas. „Innenpolitik" bezieht sich auf Innereuropäisches.

Die grundlegende Annahme Moltkes war die Niederlage Deutschlands: „Dieser Zustand kann eintreten als Folge einer physischen Erschöpfung der Bevölkerung, als Folge einer industriellen Erschöpfung, als Folge innerpolitischer Umwälzungen in Deutschland und als Folge von Empörungen und Revolten in den besetzten Gebieten, die wegen der Ausdehnung der besetzten Gebiete und der Art ihrer Behandlung nicht eingedämmt werden können und schließlich zu bewaffneter Invasion der Angelsachsen führen."[235] Wenn dieser Fall eingetreten sei, könnten die oben genannten Ziele der innerlichen Umgestaltung verwirklicht werden, sofern es den Besiegten gelänge, den Sieger von seiner Verantwortung zu überzeugen – dann könne das Beispiel des Siegers den Anstoß zu einer schnellen Entwicklung auf die gesetzten Ziele hin geben.

Die „Sieger" im Sinne Moltkes waren die Westalliierten, mit denen er eine Werteverwandtschaft zu haben glaubte. Einen Sieg Russlands über Deutschland schien er nicht prognostizieren zu wollen, wie auch die Nachkriegsbeziehungen zwischen der Sowjetunion und Deutschland in der gesamten Denkschrift nicht erörtert wurden. Russland blieb von der kontinentaleuropäischen Union ausgeschlossen. Moltke schrieb: „Der Frieden bringt eine einheitliche europäische Souveränität von Portugal bis zu einem möglichst weit nach Osten verschobenen Punkt."[236] Es heißt zwar später, der europäische Einfluss erstrecke sich u.a. auf Russland, doch werden Form und Ausmaß dieses Einflusses nicht weiter erörtert. In der weltpolitischen Situation vom Frühjahr 1941 sah Moltke vermutlich weitere Aggressionen

---

[235] Ebd.
[236] Ebd., S. 512.

Hitlers voraus, doch die Realität eines Krieges im Osten, sowie das Bündnis zwischen der Sowjetunion und den Westmächten waren für Moltke noch nicht vorstellbar. Das russische Regime war auch den Kreisauern verhasst, eine fruchtbare Zusammenarbeit konnte sich wohl auch Moltke nicht vorstellen. Dies wird der Grund dafür gewesen sein, dass die Sowjetunion in Europakonzepten zunächst außen vor gelassen wurde. Natürlich änderte sich diese Einstellung im weiteren Verlauf des Krieges und beeinflusste damit die außenpolitischen Planungen Kreisaus.[237]

Großbritannien widmete Moltke dagegen sehr viel Aufmerksamkeit. Er schätze dessen Bedeutung ziemlich hoch ein. Hier war sicher der Einfluss seiner südafrikanischen Mutter maßgeblich, sowie seine Freundschaft mit Lionel Curtis, einem einflussreichen Engländer.[238] Moltkes starke emotionale Bindung zu England war auch im weiteren Verlauf des Krieges durch die Änderung der Lage schwer zu beseitigen, ihr Einfluss ist in den Denkschriften leicht festzustellen. Die Ausgangslage Englands nach dem Krieg stellte sich Moltke folgendermaßen vor:

> „Der Friede bringt eine angelsächsische Union, deren wirtschaftliches Schwergewicht in dem amerikanischen Kontinent liegt. Großbritannien und das britische Weltreich, insbesondere aber die Flotte haben ein Prestige errungen, das sie mit keiner Festlandmacht zu teilen brauchen und das ihnen die Aussicht gibt, ihre alte Stellung im Verhältnis zu den USA wieder zu erringen. Darum liegt das Schwergewicht der britischen Interessen darin, die USA in der Führung des Weltreiches wieder zu überflügeln, den alten geistigen Führungsanspruch wieder zu erobern. Daraus ergibt sich das Bedürfnis auf dem europäischen Kontinent, Ruhe zu halten und sich den Rücken für die Tätigkeit der Führung des Reiches der Angelsachsen freizumachen. Zugleich wird der Krieg bewiesen ha-

---

[237] Ebd., S. 461f.
[238] Ebd., S. 296f.

ben, daß die Flotte das größte Machtinstrument ist, so daß ein ‚kontinentaler Degen' keine Lebensnotwendigkeit für Großbritannien ist."[239] England könne also seine traditionelle Politik der „Balance of Powers" gleich aus zwei Gründen aufgeben: Zum einen würde der europäische Bundesstaat die militärische Vormacht der englischen Flotte anerkennen und damit auch keinerlei Anspruch auf Teile des Empire erheben, sodass von englischer Seite kein Grund für die traditionellen Vorsichtsmaßnahmen bestünde. Dies zeigt sich auch darin, dass Moltke den „europäischen Einfluß"[240] lediglich auf Französisch- und Italienisch-Nordafrika, das Schwarze Meer, Russland und die Türkei beschränkte und fast den ganzen Rest der Welt der britischen Einflusssphäre überließ. Zum anderen nahm er an, Großbritannien würde seine Weltmachtstellung nicht nur beibehalten, sondern sogar noch ausbauen, vor allem seinem wichtigsten Konkurrenten gegenüber, den USA. Interessanterweise schätzte Moltke hier den Aufstieg der USA durchaus richtig ein, prognostizierte dagegen aber die zukünftige Rolle Englands bei Weitem zu optimistisch. Er sah nicht, dass eine mächtige Flotte schon damals kein wirkungsvolles militärisches Instrument mehr war, sondern von modernen Waffen abgelöst worden war. Auch die zunehmenden Unabhängigkeitsbestrebungen der einzelnen Kolonialvölker, die das Empire schon vor dem Zweiten Weltkrieg erschüttert hatten, wurden von Moltke ignoriert. Hier schienen die emotionalen Bindungen seine normalerweise scharfsinnige Sicht zu trüben.

In der zweiten Fassung der Denkschrift findet sich, wahrscheinlich weil andere Kreisauer die von Moltke geplante Abkopplung Großbritanniens von Europa kritisiert hatten, der Satz: „Großbritannien, Island und

---

[239] Ebd., S. 512.
[240] Ebd.

Irland gehören dem europäischen Bundesstaat an, Großbritannien jedoch in einer etwas lockereren Form, die es ihm ermöglicht, weiter der geistige Mittelpunkt des Angelsachsentums zu bleiben, insbesondere seine Stellung den Vereinigten Staaten von Amerika gegenüber zu behaupten."[241] Einen amerikanischen Einfluss auf Europa lehnten die Kreisauer ab. Auch stellte sich für Moltke angesichts dieser geplanten Verbindung Englands zum europäischen Bundesstaat die Frage, ob der in London residierende König zugleich als König von Großbritannien nicht-souverän, als König des Empires jedoch souverän sein könne.[242] In der dritten Fassung wurde dies nochmals geändert. Jetzt heißt es: „Großbritannien, Irland und Island gehören zum britischen Empire."[243] Diese neuerliche Änderung sollte sich natürlich nicht in einem Gegensatz gegenüber Kontinentaleuropa auswirken. Deshalb fügte Moltke hinzu: „Zwischen diesen Ländern und den europäischen Gebieten sind politisch und militärisch Beziehungen hergestellt, die jeden Gedanken an einen militärischen Konflikt als völlig ausgeschlossen erscheinen lassen."[244] Er verglich dieses Verhältnis mit dem zwischen Deutschland und Österreich in der Zeit von 1867 bis 1918. Aber schon in der ersten Fassung wurde eine Zusammenarbeit zwischen der „europäischen und angelsächsischen Welt"[245] ausdrücklich befürwortet. Einen ersten Schritt dazu könne ein Zusammenwirken bei der möglichst schnellen Wiederherstellung der zerstörten Wirtschaftsgebiete sein.

Die „innenpolitischen", d.h. innereuropäischen Vorstellungen gingen, wie oben schon beschrieben, vom Ende der Machtpolitik, des Nationalis-

---

[241] Lipgens: Europa-Föderationspläne, S. 118.
[242] Roon: Neuordnung, S. 460f.
[243] Ebd., S. 518. Island war 1940 wegen seiner strategischen Bedeutung für den Nachschub aus den USA von England besetzt worden.
[244] Ebd.
[245] Ebd., S. 512.

mus, des Rassegedankens und der Wiederherstellung des Rechtsstaates aus. Wie hätte also nach Moltke die innereuropäische Lage nach Kriegsende ausgesehen? In der Denkschrift wurde dazu festgestellt: „Europa ist ein Bundesstaat mit einheitlicher Souveränität."[246] Dieser Bundesstaat sollte geografisch im Norden und Westen durch den Atlantik, im Süden durch das Mittelmeer und das Schwarze Meer, im Osten durch die Ostgrenze Rumäniens, des alten Polens, der ehemaligen Balkanstaaten und Finnland begrenzt werden.[247]

Das gesamte Festland sollte in kleinere nicht-souveräne Staatsgebilde unterteilt werden, „die unter sich Verflechtungen politischer Art haben"[248]. Als Beispiele dafür erwähnte Moltke die skandinavischen Staaten, Staaten des Mittelmeerraums usw.[249] Einheitlich sollten auch mindestens Zollgrenzen, Währung, Auswärtige Angelegenheiten („einschließlich Wehrmacht"), Verfassungsgesetzgebung und möglichst auch die Wirtschaftsverwaltung sein. Die Souveränität sollte ausschließlich beim europäischen Gesamtstaat liegen.

Das Europa der Nationalstaaten sollte in „historisch gewordene Selbstverwaltungskörper"[250] unterteilt werden, die in ihrer Größe etwas aufeinander abgestimmt sein sollten. Damit sollte dem großen Gebilde des Bundesstaates wohl ein wirksames Gegengewicht entgegengestellt werden. Moltke ging hier bis ins Mittelalter zurück, um diese historischen Selbstverwaltungskörper zu definieren. Europa sollte also aus einzelnen historischen Regionen wie z.B. Bayern, Lombardei Kastilien etc. bestehen.

---

[246] Lipgens: Europa-Föderationspläne, S. 118.
[247] Ebd.
[248] Roon: Neuordnung, S. 512.
[249] Ebd., S. 517.
[250] Ebd., S. 513.

Selbstverwaltungskörper, die vorher einen Nationalstaat, also eine Einheit gebildet hatten, sollten aber weiterhin „gruppenweise Sonderverbindungen"[251] haben. Durch diese durchdachte Zerstückelung Europas sollte „das Übergewicht der bisherigen großen Staaten Deutschland und Frankreich" gebrochen werden, ohne dass daraus Ressentiments entstünden.

Die Verfassung des europäischen Staates sollte selbstverständlich föderativ sein, die innerstaatlichen Verfassungen der Selbstverwaltungskörper jedoch vollständig verschieden. Der „oberste Gesetzgeber des Europäischen Staates"[252], also das europäische Parlament, wurde von den Staatsbürgern direkt gewählt werden und wäre auch diesen verantwortlich, nicht den Selbstverwaltungskörpern. Die übereinstimmende Haltung bestehe jedoch in der Förderung der sogenannten „kleinen Gemeinschaften"[253], eines der Lieblingsthemen Moltkes. Er sah in den „kleinen Gemeinschaften" die Möglichkeit, dem Absolutheitsanspruch des Staates an den Einzelnen wirksam entgegenzutreten. Eine „kleine Gemeinschaft" bilde jede Vereinigung von Bürgern, die damit zum Wohle der Allgemeinheit wirke.[254] Schon 1939 hatte Moltke eine Ausarbeitung zu diesem Thema gemacht:

> „Ich gehe davon aus, daß es für eine europäische Ordnung unerträglich ist, wenn der einzelne Mensch isoliert und nur auf eine große Gemeinschaft, den Staat, ausgerichtet wird. Der Vereinzelung entspricht die Masse; aus einem Menschen wird so ein Teil der Masse. Gegenüber der großen Gemeinschaft, dem Staat, oder etwaigen noch größeren Gemeinschaften, wird nur der das rechte Verantwortungsgefühl haben, der in kleineren Gemeinschaften in irgendeiner Form an der Verantwortung mitträgt, andernfalls entwickelt sich bei denen, die nur regiert werden, das Gefühl, daß sie am Geschehen unbeteiligt sind, und bei denen, die nur regieren, das Gefühl, daß sie niemandem Verantwortung schuldig sind

---

[251] Ebd.
[252] Ebd.
[253] Ebd.
[254] Zum Beispiel Genossenschaften, Bildungswerke, Stiftungen etc.

als der Klasse der Regierenden. – Eine solche Entwicklung mag Rußland oder asiatischen Ländern angemessen sein; eine europäische Ordnung wird nicht aus ihr erwachsen."[255]

Die Rechte und Freiheiten der europäischen Bürger sollten nach Moltke an konkrete Pflichten gebunden werden. Jeder Einzelne sollte aktiv einen kleinen Teil der Verantwortung für das Ganze auf sich nehmen: „Die Gewährung von Freiheit ist daher als Vorleistung an den einzelnen anzusehen, die ihn verpflichtet, sich um die Gegenleistung zu bemühen."[256] Auch hier wird wieder der hohe moralische Anspruch Moltkes deutlich. Denn Europa war für ihn, wie auch für die anderen Kreisauer, nicht nur eine Frage der Organisation: „Für uns", schrieb Moltke 1942 an Lionel Curtis, „ist Europa nach dem Kriege weniger eine Frage von Grenzen und Soldaten, von komplizierten Organisationen und großen Plänen. Europa nach dem Kriege ist die Frage: Wie kann das Bild des Menschen in den Herzen unserer Mitbürger aufgerichtet werden."[257] Es hätte gar keinen Sinn, so schrieb Moltke bei anderer Gelegenheit, die einheitliche Souveränität in Europa herzustellen, wenn es nicht gelänge, „dem europäischen Staatsvolk die einheitliche Grundauffassung wiederzugeben, die jahrhundertelang verschüttet gewesen ist."[258] Man brauche eine aktive Basis, die Moltke mit Hilfe der drei Grundpfeiler seines Weltbildes, nämlich der christlichen Religion, der humanistischen Bildung und der sozialistischen Gesinnung schaffen wollte.

An der Spitze des europäischen Bundesstaates sollten zwei Kabinette stehen: ein Kabinett von Fachministern mit einem inneren Kreis der fünf wichtigsten Posten, nämlich dem Ministerpräsidenten, dem Außenminister,

---

[255] Roon: Völkerrecht, S. 154–158, S. 154.
[256] Roon: Neuordnung, S. 514.
[257] Der Brief wurde wahrscheinlich Mitte Mai 1942 verfasst. Lipgens: Europa-Föderationspläne, S. 130.
[258] Dazu kein Datum angegeben. Roon: Neuordnung, S. 455.

dem Wehrminister, dem Innenminister und dem Wirtschaftsminister[259], und ein aus Vertretern der Landesregierungen bestehendes Länderkabinett mit ständig beratender Funktion. Dazu kamen noch ein gesamteuropäisches Gericht, ein ständiges Sekretariat, planwirtschaftliche Behörden und ein Gesandtentag aller europäischen Staaten.

Zuerst sollten die materiellen Lebensgrundlagen wieder aufgebaut werden. Eine Aufgabe, die angesichts der Zerstörungen in Europa und der auf Kriegswirtschaft umgestellten Industrien nur von allen Europäern gemeinsam geleistet werden könne. Aus der europäischen Demobilisierung sollte schließlich eine große „Gemeinwirtschaftsorganisation"[260] entstehen, die durch eine intereuropäische Wirtschaftsbürokratie und durch wirtschaftliche Selbstverwaltungskörper geleitet werden sollte. Die mobilisierten Truppen könnten zur Wiederherstellung zerstörter Wirtschaftsgüter eingesetzt werden.

In einem gesonderten Abschnitt mit einer „Liste der Aufgaben",[261] führte Moltke noch unzählige Detailfragen und Vorschläge zu den sozialen, politischen, militärischen und wirtschaftlichen Erfordernissen des zukünftigen europäischen Bundesstaates auf. Doch kann jetzt schon festgestellt werden, dass sein Europakonzept – verbunden mit der von Moltke empfundenen Notwendigkeit einer neuen Definition des Staatsbegriffs – eine Radikalität besaß, die im bürgerlichen Widerstand gegen den Nationalsozialismus ihresgleichen sucht. Graml beurteilt Moltkes Gedanken als eine zwar konsequente, aber doch überraschende Utopie.[262] Mit seiner Forderung nach der Beendigung der Machtpolitik, des Nationalismus etc. kam

---

[259] Ebd., S. 513.
[260] Ebd., S. 512.
[261] Ebd., S. 516f.
[262] Ebd.

Moltke in der Theorie nicht nur zur Aufhebung der Souveränität der Einzelstaaten, sondern er gelangte schließlich zu der territorialen Auflösung aller europäischen Staaten. Graml spricht sogar von deren „Zertrümmerung".[263] Obwohl sich Moltke mit dieser Forderung im Kreisauer Kreis nicht durchsetzen konnte, bildete zumindest seine Konzeption eines europäischen Bundesstaates, der nach der Niederlage Deutschlands einen Neuanfang Europas beginnen sollte, eine Grundlage der Kreisauer Außenpolitik.

Moltkes radikale Linie traf in Kreisau schließlich mit der „gemäßigteren" Linie Adams von Trott zu Solz zusammen. Zwar interpretierte auch Trott die Bedeutung des Dienstes für den Staat neu, indem er die bestehende Ordnung von dem trennte, was das Wesen des Staates tatsächlich ausmache.[264] Doch besaß er ein tief verwurzeltes Nationalgefühl – wenn er auch kein Nationalist im eigentlichen Sinne war[265] – und eine hohe Vorstellung von dem geistigen wie politischen Beitrag, „den das Wesen und die Kraft seines Volkes und Vaterlandes zur europäischen Gesamtkultur leisten müsse und könne".[266] Wie Moltke, so war sich auch Trott klar darüber, dass es nach dem Krieg eine politische und wirtschaftliche Neuordnung Europas geben müsse, die von Begriffen wie „status quo" und „status quo

---

[263] Graml: Vorstellungen, S. 122.
[264] Malone, Nationalismus als Motiv für den Widerstand?, S. 661.
[265] Der Vorwurf des Nationalismus wurde während und auch noch nach dem Kriege aus englischen und amerikanischen Kreisen gegen Trott geäußert. Sie hielten ihn zwar für einen Gegner der Nazis, der aber nicht der Versuchung widerstehen konnte, aus nationalistischen Impulsen heraus eine betont loyale Haltung gegenüber dem Regime zu zeigen und aus der gegebenen Situation möglichst viel für Deutschland herauszuschlagen (ebd., S. 652 f.). Dieser Vorwurf beruht vermutlich auf dem Unverständnis vieler Gesprächspartner und Bekannter Trotts, dessen „Doppelleben" als Widerständler und Angehöriger des AA zu durchschauen.
[266] Graml: Vorstellungen, S. 122.

ante" frei sein müsse: „Das Schwergewicht muß auf der sozialen und politischen Sicherheit liegen."[267]

Auch Trott war nach Westen orientiert. Schon allein deshalb, wie Rothfels meint, „weil Freiheit und Würde des Menschen, weil die Bewahrung letzter Werte gegen die Dämonien im Zentrum seines Denkens stand".[268] Damit hing aber eng zusammen, dass er für die innenpolitische und gesellschaftliche Struktur Deutschlands keineswegs eine bloße Übernahme westlicher – also angelsächsischer – Prinzipien und Formen wünschte. Er war vielmehr überzeugt, das künftige Deutschland werde in produktiver Auseinandersetzung mit dem Kommunismus leben müssen, und forderte deshalb eine Verbindung zwischen dem „Personalprinzip des Westens" und dem „Realprinzip des Ostens".[269]

Doch auch Trott glaubte, und hier stimmte er mit Moltke überein, dass die Zeit uneingeschränkter staatlicher Souveränität abgelaufen sei und auch zu Ende gehen müsse, da die Existenz ungebändigter Staaten notwendig zu immer neuen Kriegen und zur Selbstvernichtung der Nationen führe.[270] Zu ihrem eigenen Schutz, ja zu ihrer „Selbstbehauptung", wie er sagte, hätten die Völker und Staaten keine andere Wahl als den Verzicht auf die volle Souveränität.[271] Er wollte aber deshalb Europa nicht in gleich große, gleichberechtigte „Selbstverwaltungskörper" aufteilen, um künftige Konflikte zu vermeiden. Denn Deutschland müsse seine geistige wie politische Eigenständigkeit und seine Mittlerrolle zwischen Ost und West sichern.

---

[267] Aus der Denkschrift Trotts für Sir Stafford Cripps, Ende April 1942. Lipgens: Europa-Föderationspläne, S. 128.
[268] Rothfels: Außenpolitik, S. 302.
[269] Trott zitiert nach ebd.
[270] Graml: Vorstellungen, S. 122.
[271] Trott schrieb schon 1930: „Die Selbstbehauptung des Staates auf dem Wege der Rechtsentwicklung, nicht dem des Krieges ist heute zu erstreben. – Krieg als gerechte Entscheidung des Weltgerichts über die historische Daseinsberechtigung eines Volkes ist heute Absurdität." Rothfels: Außenpolitik, S. 301.

Also könne das Land auf eine staatliche Basis und eine staatliche Abgrenzung nicht verzichten.[272] Trott hatte folgende Vorstellung:

> „Selbstverwaltung und Föderalismus innerhalb Deutschlands sollten organisch verbunden sein mit einem Föderalismus innerhalb Europas (einschließlich Großbritanniens) und mit enger internationaler Zusammenarbeit mit den anderen Kontinenten."[273]

Aus diesem doppelten Schutzbedürfnis entwickelte Trott seine Konzeption des aus den bestehenden und in ihrer Souveränität lediglich beschränkten Staaten zusammengesetzten europäischen Bundes, der in solcher Gestalt auch die ihm zugedachte doppelte Schutzfunktion erfüllen könne.

Anders als Moltke sah er in den europäischen Staaten „notwendige Einrichtungen".[274] Die Existenz und Souveränität der einzelnen Staaten waren ihm Realitäten, die man höchstens benutzen, nicht aber einfach liquidieren könne. Hier schien Trott eine, verglichen mit Moltke, realpolitischere Einstellung zu haben. So forderte er die Wiederherstellung des Selbstbestimmungsrechts „im Rahmen der europäischen Föderation für alle, insbesondere für die zur Zeit unter Naziherrschaft stehenden Nationen"[275]. Die Wiederherstellung eines freien polnischen und tschechischen Staates „innerhalb ihrer Volksgrenzen" hielt er für unbedingt erforderlich.

Doch auch hier ist wieder Moltkes radikale Ausgangsposition, nämlich die Niederlage Deutschlands und die danach folgende staatliche und soziale Neuorganisation, zu bedenken, die diesen folglich auch zu radikaleren Schlüssen kommen ließ. Trott schrieb dagegen einmal: „Es hat keinen Zweck zu sagen, die nationale Souveränität sei ein falsches Prinzip [...] sie

---
[272] Graml: Vorstellungen, S. 123.
[273] Aus der Denkschrift für Cripps. Lipgens: Europa-Föderationspläne, S. 127.
[274] Trott, zitiert nach Graml: Vorstellungen, S. 123.
[275] Aus der Denkschrift für Cripps. Lipgens: Europa-Föderationspläne, S. 127.

ist das einzige Werkzeug, durch das gegenwärtig eine Rückkehr zu einer gewissen internationalen Ordnung zu erreichen ist."²⁷⁶ In einem anderen Brief äußert er sich noch einmal zu diesem Problem: „Doch die Staaten sind nicht nur Masse wahnsinniger Macht, sondern Instrumente, die, was auch ihre Doktrin vermag, um der Selbsterhaltung willen ein gewisses Maß von Zusammenarbeit brauchen und ihrem Wesen nach fördern, das nicht möglich wäre, wenn es keine Staaten gäbe."²⁷⁷

Beide Strömungen führten auf der sogenannten „Ersten Kreisauer Tagung" vom Mai 1942 zu einer Synthese. Im Protokoll der Tagung kann man nachlesen, das „englische Imperium" habe den besten Beweis dafür erbracht, dass es im Rahmen eines festgefügten Rechtsgebäudes durchaus möglich sei, Nationalitäten in ein staatsrechtliches Obergebäude aufzunehmen.²⁷⁸ Auch wurde dort die Annahme als „Irrlehre" bezeichnet, nach der im europäischen Raum der Einzelstaat nicht in eine organisatorische, gesamtheitliche Gemeinschaft mit den übrigen Staaten und Nationalitäten zusammenwachsen könne. Vielmehr müsse in Europa das allgemeine zwischenstaatliche Ziel die „organisatorische europäische Konkordanz"²⁷⁹ sein. Nur so könne sich Europa gegenüber den anderen Kontinenten und Kontinentalweltmächten behaupten. Abschließend wird noch einmal die föderative Ordnung des zukünftigen Europa hervorgehoben: Die einzelnen europäischen „Teilräume" müssten in einer dem Verhältnis der Reichsländer zum Reich entsprechenden Gliederung aufgeteilt sein. Moltkes Konzeptionen sind in dieser ersten Tagung, die sich mit den grundsätzlichen Anliegen der Kreisauer, auf die dann später aufgebaut werden sollte, befasste, nicht

---

²⁷⁶ Brief vom Sommer 1937. Zitiert ebd.
²⁷⁷ Zitiert ebd.
²⁷⁸ Aus dem Protokoll der Ersten Kreisauer Tagung vom 22. bis 25. Mai 1942. Bleistein: Dossier, S. 176.
²⁷⁹ Ebd., S. 177.

vollständig in das Kreisauer Konzept eingearbeitet worden. Doch wird zumindest das Grundbekenntnis zu einer europäischen Föderation deutlich, sowie die dahinterstehenden staatsrechtlichen Überlegungen.

Abschließend ist zu sagen, dass Trott zwar über die wirklichkeitsnähere Gesamtkonzeption verfügte, Moltkes moralische, geistige und politische Radikalität jedoch viele Einzelzüge der Lage und der kommenden Entwicklung realistischer sah als Trott. Niederlage und Verlust der geografischen Integrität Deutschlands sowie der deutschen Mittlerrolle zwischen Ost und West (falls es diese in dem von Trott angenommenen Ausmaß jemals gegeben haben sollte) waren für Moltke unumgängliche Kriegsfolgen, die er niemals aus den Augen verlor. Auch nicht, als Hitler seine größten außenpolitischen Triumphe feierte. Dagegen überschätzte Moltke die Bereitschaft der Menschen zu Umkehr und Neubesinnung, die Grundlagen für den zukünftigen Bundesstaat sein sollten. Einig waren sich beide über die grundsätzliche Notwendigkeit einer engen europäischen Zusammenarbeit nach dem Krieg, in der Deutschland keinesfalls eine Vorrangstellung einnehmen sollte, sondern Gedeihen und Friedenssicherung in Europa nur auf Grundlage von Gleichberechtigung und Einschränkung der Souveränität erfolgreich sein konnten. Im Spannungsfeld der Diskussionen des Kreisauer Kreises entstand somit eine Europakonzeption, in der nicht mehr nationale „Lebensfragen" im Mittelpunkt standen, sondern die internationale „Überlebensfrage" dominierte. Diese wurde die Leitlinie der außenpolitischen Vorstellungen dieser Widerstandsgruppe.

4. Die Deutschlandpolitik der Alliierten und deren Auswirkung auf die Konzepte des Widerstandes

4.1 Die Deutschlandpolitik der westlichen Alliierten und die außenpolitischen Vorstellungen des Widerstandes: Eine tragische Kombination

Um Unterstützung für ihre außenpolitischen Konzepte zu finden, richteten sich die Hoffnungen des Widerstandes vor allem auf England, in der Spätphase des Krieges ebenso auf die Vereinigten Staaten. Die von beiden Gruppen schon Ende der dreißiger Jahre nach England gesponnenen Kontaktfäden wurden während des Krieges aufrechterhalten und dazu neue Kontakte geknüpft.

Die Frage über die Auslandsbeziehungen des deutschen Widerstandes und deren konkreter Nutzen sowie die Reaktionen der Alliierten auf Kontaktversuche werden bis heute in der Forschung heftig diskutiert.[280] Im Zusammenhang dieser Arbeit kann die Gesamtproblematik der Auslandsbeziehungen natürlich nicht aufgerollt werden. Aber hinsichtlich der sich für Deutschland immer weiter verschlechternden Kriegslage und den Verbrechen der Nationalsozialisten in den besetzten Gebieten, die nach Ansicht des Widerstandes eine ungeheure moralische Hypothek für die Zukunft darstellten, musste eine mögliche „neue" Regierung mit den Alliierten unbedingt über die Bedingungen für einen Friedensschluss in Europa verhan-

---

[280] Dies wird deutlich in dem Begleitband über die internationale wissenschaftliche Konferenz zum 40. Jahrestag des 20. Juli 1944, hg. v. Jürgen Schmädeke und Peter Steinbach: Der Widerstand gegen den Nationalsozialismus. Die deutsche Gesellschaft und der Widerstand gegen Hitler, 3. Aufl., München Zürich 1994. Vgl. zu dieser Problematik die Beiträge von Klemens von Klemperer: Nationale oder internationale Außenpolitik des Widerstands, S. 639–651. Lothar Kettenacker: Der nationalkonservative Widerstand aus Angelsächsischer Sicht, S. 712–731. Hedva Ben-Israel: Im Widerstreit der Ziele: Die britische Reaktion auf den deutschen Widerstand, S. 732–750. Bernd Martin: Das außenpolitische Versagen des Widerstands 1943/44, S. 1037–1060. Zu beachten wäre außerdem noch Klaus-Jürgen Müller: Der deutsche Widerstand und das Ausland (Gedenkstätte Deutscher Widerstand Berlin, Beiträge zum Widerstand 1933–1945, Heft 29), Berlin 1986.

deln. Diese Erkenntnis wurde die – immer dringlicher werdende – Grundlage der außenpolitischen Konzepte des Widerstandes. Und auch dessen Herausforderung: Das meiste Quellenmaterial zum Widerstand besteht aus Denkschriften, die an mehr oder weniger maßgebliche englische und amerikanische Politiker gerichtet sind. Diese Denkschriften sind alle erhalten, gut verwahrt in den Archiven, wo sie, zu den maßgeblichen Persönlichkeiten meist gar nicht erst durchgedrungen, für den Rest des Krieges unbeachtet liegen blieben.

Die Beziehungen zwischen Alliierten und Widerstand gestalteten sich schwierig, vor allem nachdem die aussichtsreichen Umsturzpläne von 1938/39 gescheitert waren, und nach den militärischen Erfolgen Hitlers zu Beginn des Krieges. Doch als mindestens ebenso schwerwiegend ist die historisch einmalige Situation in Betracht zu ziehen, in der sich der deutsche Widerstand befand. Denn Widerstandsaußenpolitik war ein neues Phänomen unseres Jahrhunderts: Es war eine „Landschaft des Verrats"[281] oder, wie es Klemperer beschreibt, der Loyalitätskonflikte zwischen nationalen und übernationalen Belangen, wobei diese allgemein menschlicher, ideologischer oder religiöser Art sein konnten.[282] Der Widerstand musste sich durch die Ablehnung der eigenen Regierung zwangsläufig gegen diese und somit gegen die unmittelbaren Interessen des Vaterlandes setzen. Nach Klemperer war die Außenpolitik des Widerstandes also das Beispiel einer Außenpolitik in ungewöhnlicher Form.[283] Moltke gibt einen Einblick in die Erwartung, die der Widerstand in das Ausland setzte, als er schon in den dreißiger Jahren an Lionel Curtis schrieb:

---

[281] Margret Boveri: Der Verrat im 20. Jahrhundert, Bd. 2, Hamburg 1956, S. 43.
[282] Klemperer: Außenpolitik, S. 641.
[283] Ebd.

„Sie können sich nicht vorstellen, was für eine enorme Hilfe es ist zu fühlen, daß wir, obwohl innerhalb Deutschlands, die wir liberale Ansichten haben und individualistisch in all unseren Ansichten und Gefühlen sind, einsam und ohne Unterstützung bleiben, daß wir nichtsdestoweniger in Kontakt mit Menschen außerhalb unseres Landes sind, die von unserer Position wissen, und die dafür arbeiten, die Welt zu verändern. Sogar, wenn wir niemals in der Lage sein werden, diese Änderungen zu erleben, sogar, wenn wir unser ganzes Leben lang in einer kleinen Zelle verbringen werden, blieben wir doch in Verbindung mit der großen Welt."[284]

In diesem Sinne stellt also Widerstandsaußenpolitik die Bemühung einer Widerstandsgruppe dar, wenn nötig unter Umgehung offizieller Wege Beziehungen zur Außenwelt herzustellen und diese wenn möglich dem inneren Zweck, nämlich für die Strategie der Verschwörung, dienstbar zu machen. Dabei bauten die Widerstandsgruppen auf Gleichgesinnte im Ausland, meist Freunde oder Bekannte. Doch ohne offizielle Legitimation erschienen die einzelnen Missionen von Vertretern des Widerstandes den jeweiligen Zielländern in einem trüben Licht. Denn die unterschiedlichen Gruppen hatten kein gemeinsames Vorgehen und keine einheitliche Sprachregelung.[285] Außerdem gab es eine große Fülle an Kontaktversuchen von führenden Nationalsozialisten mit den Alliierten, ausgehend u.a. von Göring, in der Spätphase des Krieges auch von Himmler, Goebbels und Bormann.[286] Eine Tatsache, die die Widerständler und viele ihrer Bemühungen, die natürlich einer völlig anderen Grundlage und Motivation entsprangen als diejenigen der NS-Vertreter, sozusagen in „üble Gesellschaft" brachte. Oft wurden sie alle von den Alliierten in denselben Topf geworfen.

---

[284] Brief Moltkes an Lionel Curtis, 12. Juli 1935. Roon: Völkerrecht, S. 89. (Deutsche Übersetzung von der Verfasserin).
[285] Diesen Vorwurf erhebt vor allem Bernd Martin, denn dadurch sei das Gewicht des deutschen Widerstandes im Ausland entscheidend geschwächt worden. Martin: Versagen, S. 1054.
[286] Ebd., S. 1039ff.

Zwischen den Prärogativen der Souveränität und denen der „großen Welt" musste sich der Widerstand damit abfinden, von beiden Seiten auf Misstrauen und Anfeindungen zu stoßen. Denn, so Klemperer, unter einem rein strukturellen Gesichtspunkt gingen alle außenpolitischen Schritte des Widerstandes über das rein Nationale hinaus.[287] So betonte Goerdeler, auch wenn er sich nicht anmaßen wolle, für das britische Empire zu disponieren, brauche das deutsche Volk ein ausgeglichenes Europa.[288]

Trott sah die Vorgänge in Deutschland immer in europäischem Zusammenhang und erklärte den Nationalsozialismus nicht nur als eine deutsche, sondern auch als eine allgemein europäische Krankheit.[289] Schon 1936 schrieb er an eine englische Freundin: „But there must be a way out of the world-civil-war that is threatening to break out."[290] Man müsse sich immer wieder vor Augen halten, so Klemperer, dass der Zweite Weltkrieg in sich bestimmte Dimensionen hatte, die über den Bereich eines Krieges zwischen den Nationen hinausgingen: Er sei auch ein Krieg zwischen Weltanschauungen gewesen und hätte ausgesprochene Merkmale eines internationalen Bürgerkrieges gehabt.[291] Auch wenn die These vom „internationalen" oder „europäischen Bürgerkrieg" umstritten ist,[292] wird sie doch im Zusammenhang mit den außenpolitischen Vorstellungen des Widerstandes interessant. Beide der hier behandelten Gruppen fühlten sich in ihren geistigen Grundlagen mit den Westmächten im Einklang. Da diese Grundlagen in prinzipiellem Gegensatz zum Nationalsozialismus standen, be-

---

[287] Klemperer: Außenpolitik, S. 644f.
[288] Aster: X-Dokumente, S. 131.
[289] Brief Trotts an Lord Lothian vom 4.12.1937. Klemperer: Außenpolitik, S. 645.
[290] Brief Trotts an Sheila Grant-Duff vom 14.9.36. Ebd., S. 650, Anm. 22.
[291] Ebd., S. 644.
[292] Verwiesen sei hier nur auf das umstrittene Werk von Ernst Nolte: Der europäische Bürgerkrieg 1917–1945: Nationalsozialismus und Bolschewismus, 3. Aufl., Frankfurt a. Main u.a. 1988.

trachteten sie den Westen sozusagen als ihren natürlichen Verbündeten, der dieselben Interessen wie sie verfolgte. Moltke, der immer die übernationale Verbundenheit aller Menschen innerhalb der westlichen Wertegemeinschaft betonte, rechnete aus seiner Sicht logischerweise mit der Unterstützung aller Anti-Nazis für den deutschen Widerstand. Selbst die Honoratioren hatten sich, auch wenn sie zunächst an der Vorstellung vom „Reich als europäische Ordnungsmacht" festhielten, zu einem neuen Universalismus bekannt,[293] der sie unorthodoxe und „verratsnahe" Schritte unternehmen ließ, um mit den Westalliierten ins Gespräch zu kommen. Denn für die Konzeptionen beider Gruppen war das europäische Zusammenwirken Voraussetzung für deren Verwirklichung.

Durch die Ausrichtung des deutschen Widerstandes auf Europa grenzte ihr Tun von streng nationalen und staatlichen Gesichtspunkten aus gesehen an Landesverrat.[294] Trott drückt in einer seiner Denkschriften aus, warum er eine enge Verbindung zwischen Widerstand und Ausland nicht nur keineswegs als Verrat, sondern geradezu als europäische Notwendigkeit empfand:

> „Wir betrachten es als eine unwiderlegbare Tatsache, daß trotz aller Unterschiede zwischen den einzelnen Ländern dennoch solche Ähnlichkeiten der Bedingungen und Gemeinschaft des geistigen Erbes zwischen uns und dem Westen existieren, daß die Versuche, bestimmte fundamentale Gefahren zu diskutieren, die die Essenz unserer gemeinsamen Zukunft bedrohen, unter allen Umständen gemacht werden sollten [...] Ein Austausch von Ideen erscheint uns nur so lange

---

[293] Graml: Vorstellungen, S. 114f.
[294] Einen konkreten Fall für Verrat als Mittel des Widerstandes stellte Hans Oster dar, der die Aufmarschpläne der Wehrmacht für die Niederlande verriet. Dazu Hermann Graml: Der Fall Oster, in: VZG 14 (1966), S. 26–39.

als hoffnungslos wie wir mit einer einseitigen Tendenz zu beschuldigen und zu urteilen konfrontiert werden."[295]

Die „Gemeinschaft des geistigen Erbes" war für Trott, Moltke, Goerdeler, Beck und die anderen eine Realität, die wohl auch darauf gegründet war, dass sie das wahre Gesicht des Nationalsozialismus schon lange vor den Alliierten erkannten und daraus ihre Schlüsse zogen: nämlich, dass der Nationalsozialismus kein auf Deutschland beschränktes Phänomen war, sondern die ganze europäische Werteordnung aus den Angeln zu heben drohte.

Es war nicht zuletzt die Erkenntnis, dass die Interessen der Westmächte mit denen des Widerstandes identisch seien, die die außenpolitischen Konzepte des Widerstandes – letztlich auch die der Honoratioren – dahingehend beeinflusste, auf eine europäische Kooperation hinzuarbeiten. In diesem Sinne ist auch der beschwörende letzte Satz in der oben genannten Denkschrift von Trott zu verstehen: „ , daß unsere immer noch unangemessenen Versuche [aus der gegenwärtigen außenpolitischen Situation Schlüsse zu ziehen] mit der freimütigen Kooperation in der praktischen Aufgabe zusammentreffen werden, einer gemeinsamen Zukunft nach der Katastrophe ins Gesicht zu sehen, mit der wir jetzt alle konfrontiert werden."[296]

„Without Hitler Germany might be less evil, but might not necessarily be less dangerous."[297] Diese Ansicht eines englischen Parlamentariers zu Beginn des Krieges darf für die offizielle Linie im Londoner Foreign Office als symptomatisch für den Umgang mit dem deutschen Widerstand

---

[295] Denkschrift Trotts für die englische Regierung (zu vermuten ist die Mitautorenschaft anderer Kreisauer) von Ende April 1942. Zitiert nach Hans Rothfels: Zwei außenpolitische Memoranden der deutschen Opposition (Frühjahr 1942), in: VZG 5 (1957), S. 388–397, §93 u. 395 (Deutsche Übersetzung von der Verfasserin).
[296] Ebd., S. 395.
[297] William Strang, englischer Parlamentarier, am 8.11.39 im Unterhaus. Zitiert nach Kettenacker: Widerstand, S. 717.

gelten. Denn aus der Perspektive der Kriegsgegner Deutschlands war der deutsche Widerstand lediglich eine Stimme von vielen innerhalb der internationalen Machtpolitik.[298] Für die in den traditionellen Bahnen des internationalen, diplomatischen Verkehrs denkenden alliierten Politiker erschien der deutschen Widerstand als „unklares, unkoordiniertes Kräftekonglomerat"[299], da sie die Schwierigkeiten und auch die Isolierung des Widerstandes innerhalb der NS-Diktatur nicht nachvollziehen konnten.[300] Um weitere Kriege auszuschließen, musste ihrer Ansicht nach Deutschland vollständig besiegt und langfristig geschwächt werden.

In England, einem der Hauptansprechpartner von Honoratioren und Kreisauern, ging die Abkehr von der Politik des Appeasement zunehmend ohne Differenzierungen und Nuancierungen vor sich. Die Deutschen wurden zu Feinden ohne Wenn und Aber. Die zermürbenden Diskussionen über den Ersten Weltkrieg, Versailles und die deutschen Eroberungen, die auch in England geführt wurden, mussten ein Ende finden, so Schulz, „wenn das Inselreich in einem Kampf bestehen wollte, der gewaltige patriotische Anstrengungen abverlangte, von denen sich anfangs nur wenige schon eine deutliche Vorstellung machten".[301] Daher hatte der Widerstand mit in dem Maße Aussicht auf direkte oder indirekte Unterstützung aus dem Ausland, wie seine Ziele mit denen der jeweils angesprochenen fremden Macht identisch oder zumindest in deren Interesse waren.

---

[298] Müller: Widerstand, S. 7.
[299] Ebd., S. 9.
[300] So versuchte Moltke seinem englischen Freund Lionel Curtis die Schwierigkeiten der Widerstandsarbeit klar zu machen: „Kannst Du dir vorstellen, was es bedeutet, als Gruppe zu arbeiten, wenn man das Telefon nicht benutzen kann, wenn Du die Namen Deiner nächsten Freunden nicht nennen darfst aus Angst, daß einer von ihnen erwischt werden und die Namen unter Druck preisgeben könnte?" Aus einem Brief an Lionel Curtis (Mitte Mai?) 1942. Lipgens: Europa-Förderationspläne, S. 130.
[301] Gerhard Schulz: Nationalpatriotismus im Widerstand. Ein Problem der europäischen Krise und des Zweiten Weltkriegs – nach vier Jahrzehnten Widerstandsgeschichte, in: ZfG 32 (1984), S. 331–372, S. 363.

Es bedeutete einen grundlegenden Irrtum innerhalb des deutschen Widerstandes, zu glauben, seine Interessen seien mit denen der Westmächte identisch. So betrachteten die Honoratioren ihre außenpolitischen Zielsetzungen als legitime und vernünftige Aspirationen einer deutschen Großmacht, die sich jedoch von den ausschweifenden Eroberungsplänen Hitlers substanziell unterschieden. Für London und Washington waren Hitler und die konservative Opposition nur dieselbe Erscheinungsform des alten Problems – des Strebens nach der Vormachtstellung in Europa. In England gab es eine stark historische Rezeption, denn Beck und Goerdeler verkörperten dort dieselben Machteliten, die schon im Ersten Weltkrieg den „Griff nach der Weltmacht"[302] versucht hätten. Auch mit den Kreisauer Europaföderationsplänen wusste man in den alliierten Regierungszentren nichts anzufangen. Das Sicherheitsbedürfnis von England war von machtpolitischen, nicht von ökonomischen oder ideologischen Gesichtspunkten bestimmt. So bezeichnet Kettenacker die Reaktion der englischen Regierung auf Kontaktversuche des Widerstandes als „Musterbeispiel kaltschnäuzig-konser-vativer Interessenpolitik".[303] Während der Widerstand an eine gemeinsame Basis mit dem Westen im abendländischen Wertesystem glaubte, sah dieser den Widerstand ausschließlich unter dem Aspekt der internationalen Machtpolitik und eigener nationaler Interessen. Diese fundamental unterschiedlichen Interessendefinitionen führten, so meint Müller zutreffend, zu einer unterschiedlichen Wahrnehmung der Wirklichkeit, und deshalb konnte keine gemeinsame Basis gefunden werden.[304]

---

[302] So der Titel eines Werkes von Fritz Fischer: Griff nach der Weltmacht, 4. Aufl., Düsseldorf 1971.
[303] Lothar Kettenacker: Die britische Haltung zum deutschen Widerstand während des Zweiten Weltkriegs, in: Ders. (Hg.), Das „Andere Deutschland" im Zweiten Weltkrieg (Veröffentlichungen des Deutschen Historischen Instituts London 2), Stuttgart 1977, S. 49–76, S. 70.
[304] Müller: Widerstand, S. 22.

Mit der Strategie der Alliierten[305] und schließlich mit dem Kriegseintritt der Sowjetunion und der USA verhärtete sich die Haltung gegenüber Kontaktversuchen nochmals. Nach dem Bündnisschluss waren die Westalliierten erst recht entschlossen, den Krieg bis zum Sieg weiterzuführen. Schon 1941 hatte Churchill die Weisung des „absolute silence" gegenüber weiteren Annäherungsversuchen ausgegeben.[306] Das ungleiche Bündnis zwischen den Westalliierten und der Sowjetunion trug das Seinige zu der intransigenten Haltung bei. Aus Angst vor einem deutsch-sowjetischen Separatfrieden – denn die Sowjetunion begann in den alliierten Konzepten eine unersetzliche Rolle zu spielen, da England einen Rückzug der USA aus Europa erwartete und gleichzeitig der UdSSR eine wichtige Funktion für den weltweiten Interessenausgleich bei der Sicherung der britischen Weltmachtstellung zufallen sollte[307] – wollten die westlichen Alliierten alles vermeiden, was diese ohnehin problematische Ost-West-Allianz hätte weiter belasten können. Und dazu gehörte vor allem die Formulierung von konkreten Kriegszielen, die der deutsche Widerstand immer wieder forderte. In der „Atlantik-Charta" vom 14. August 1941 beschlossen Churchill und Roosevelt zwar Grundsätze der zukünftigen Kriegs- und Nachkriegspolitik, doch bezogen sich diese eher auf die zukünftige internationale

---

[305] Schon 1939 wurde von den Alliierten vorausgesetzt, dass man gegen Deutschland und Italien werde kämpfen müssen und dass beide Mächte zu Lande und im Luftkrieg überlegen, jedoch zur See und in ihrer wirtschaftlichen Stärke unterlegen seien. Daraus folgte eine strategische Defensive auf längere Sicht: Während deutsche Offensiven schlecht und recht durchgestanden werden sollten, könne wegen Italiens überseeischer Besitzungen der Angriff zuerst in Äthiopien mit Aussicht auf Erfolg eröffnet werden. Erst wenn die eigene militärische Stärke auf einen Stand gebracht sei, der eine zur Entscheidung führende Initiative rechtfertige, könne man zur Großoffensive übergehen, wobei man sich auch auf eine Unterstützung durch die Vereinigten Staaten verließ. Schulz: Nationalpatriotismus, S. 362f.

[306] Anweisung Churchills vom 20.1.1941: „Our attitude towards all such inquires or suggestion should be henceforward absolute silence." Zitiert nach Kettenacker: Haltung, S. 59.

[307] Müller: Widerstand, S. 21. Im September 1941 rechtfertigte Churchill die grundsätzliche Ablehnung aller Kontakte mit deutschen Widerstandskreisen ausdrücklich mit dem Hinweis auf die neuen Alliierten: „Nothing would be more disturbing to our friends in the United States or more dangerous with our new ally, Russia, than the suggestion that we were entertaining such ideas." Kettenacker: Widerstand, S. 719.

Friedenssicherung als auf Friedensbedingungen für Deutschland.[308] Den Höhepunkt und gleichzeitig zumindest das offizielle Ende der Kriegszieldiskussion bildete schließlich die alliierte Forderung nach „unconditional surrender", nach der bedingungslosen Kapitulation Deutschlands, Italiens und Japans.

4.2 Die alliierte Forderung von 1943 nach „Unconditional Surrender" und deren Auswirkung auf die Konzepte des Widerstandes

Auf der letzten Pressekonferenz der anglo-amerikanischen Konferenz in Casablanca verkündete am 24. Januar 1943 Roosevelt die Forderung nach „unconditional surrender"[309] für alle alliierten Kriegsgegner. Diese Forderung bedeutete im Grunde nicht mehr und nicht weniger, als dass die Sieger in Deutschland freie Hand haben wollten und sich nicht schon jetzt, worauf es dem Widerstand so sehr ankam, auf bestimmte Kriegsziele innerhalb der Allianz einigen mussten. Jede konkrete Kriegszielerklärung der westlichen Alliierten, etwa nach dem keineswegs ermutigenden Vorbild der 14 Punkte Wilsons, hätte mit Stalin ausgehandelt werden müssen, was das Risiko eines Entfremdungsprozesses in sich barg, und dies gerade zu einem Zeitpunkt, als sich die „Großen Drei" auf den Konferenzen von Moskau und Teheran erstmals näher kamen. Das „unconditional surrender", aus dem dann das Recht auf die Besetzung Deutschlands und die Beseitigung des

---

[308] So beinhaltete die „Atlantik-Charta" Verzicht auf Annexion, Anerkennung des Selbstbestimmungsrechtes der Völker, Herstellung eines dauerhaften Systems der kollektiven Sicherheit u.a.
[309] „Peace can come only by the total elimination of German and Japanese war power [...] Elimination of German, Japanese and Italian war power means unconditional surrender by Germany, Italy and Japan. It does not mean the destruction of the population of Germany, Italy and Japan, but the destruction of the philosophies in these countries based on conquest and subjugation of other people." Roosevelt, zitiert nach: Richard Lamb: The Ghosts of Peace 1935–1945, The Chantry u.a. 1987, S. 222.

bestehenden Regimes abgeleitet werden sollte, war der kleinste gemeinsame Nenner innerhalb einer politisch außerordentlich heterogenen Koalition.[310]

Dieses auf beiden Seiten des Atlantiks intern schon längst vor seiner Verkündigung feststehende Minimalziel, so Kettenacker, erlaubte den britischen und amerikanischen Stäben eine rationale, von keinen unvorhersehbaren Faktoren abhängige Planung der bei Kriegsende notwendigen Maßnahmen, und somit empfahl sich dieses Vorgehen als Weg des kleinsten gemeinsamen Nenners.[311] Dieses „Minimalziel" nahm sich allerdings aus der Sicht des nationalkonservativen Widerstandes, der bis dahin immer noch in den traditionellen Großmachtvorstellungen lebte, als „Maximalziel" aus.

Wie reagierten die hier behandelten Widerstandsgruppen auf die Forderung nach „bedingungsloser Kapitulation"? Eine schriftliche Stellungnahme zum „unconditional surrender" existiert nicht, weder von Seiten der Honoratioren noch der Kreisauer. Auch spontane schriftliche Reaktionen in Briefen und Tagebüchern sind spärlich. Selbst bei Hassell, der sonst seismografisch alle innen- und außenpolitischen Ereignisse in seinem Tagebuch verarbeitete, findet sich keine direkte Äußerung zu diesem Ereignis. Doch hatte er schon am 22. Januar 1943 bei einem Treffen mit seinem Mittelsmann Hans-Bernd Gisevius in der Schweiz erfahren, dass das Wort „occupation", also die Besetzung Deutschlands als Voraussetzung für Verhandlungen, von Seiten der Alliierten schon häufiger gefallen sei.[312] Has-

---

[310] Kettenacker: Widerstand, S. 724.
[311] Bewusst forcierte demnach die britische Regierung einen Entscheidungsprozess, der die kontroverse Materie zunächst ausklammerte, indem sie den Konsens im technischen, vermeintlich unpolitischen Bereich, dem der inter-alliierten Organisationsstrukturen, vorantreiben wollte. Ebd., S. 724.
[312] Hassell-Tagebücher, S. 345.

sell kommentierte dazu, Optimisten meinten, auch dann würden die „bekannten Argumente" noch ausgenutzt werden können. Dies deutet darauf hin, dass die Verschwörer schon vor der offiziellen Verkündigung von Casablanca zumindest bruchstückhaft über das Kommende informiert waren. So äußerte sich schon im November 1942 ein schwedischer Freund Goerdelers diesem gegenüber: „Jedermann weiß, daß Sie Frieden machen wollen, aber ohne bedingungslose Kapitulation. Fragen Sie dann, wenn Sie an der Macht sind. Sie werden entweder Ja oder Nein als Antwort hören. Glauben Sie etwa, daß eine Regierung Beck-Goerdeler geringere Chancen hätte, um die bedingungslose Kapitulation herumzukommen, als Hitler? Schlägt man Ihnen jedes Entgegenkommen ab, wird dann etwa Ihre Regierung weniger geeignet sein als Hitler, den Krieg fortzusetzen bis zur Erkämpfung eines ehrenvollen Endes?"[313]

Auch wurde die Forderung nach „unconditional surrender" in Deutschland gerade zu dem Zeitpunkt verkündet, als sich die Katastrophe von Stalingrad in ihrem ganzen Ausmaß abzuzeichnen begann, weshalb die Bedeutung der Forderung zunächst dahinter zurücktrat. So waren nach Gisevius viele sogar der Meinung, dass dies vielleicht die einzige Methode sei, mit der man zu den Wehrmachtgenerälen sprechen könnte, „nämlich ihnen die geballte Faust zu zeigen, damit sie endlich begriffen, daß es auch für sie ernst wurde".[314] Außerdem, so fuhr Gisevius fort, hätten die Dutzende von Generälen, die in Stalingrad ein paar Tage später in russische Gefangenschaft abgewandert seien, bewiesen, dass ihnen der Gedanke an Kapitulation augenscheinlich nicht so fremd war, sofern sie einmal ihre mi-

---

[313] Jakob Wallenberg, zitiert nach Ritter: Widerstandsbewegung, S. 314.
[314] Hans-Bernd Gisevius: Bis zum bitteren Ende, Bd. 2, Hamburg 1947, S. 224.

litärische Niederlage erkannt hätten.[315] Die Forderung nach „unconditional surrender" fiel also mit dem Wendepunkt des Krieges zusammen, als sich die Niederlage Deutschlands als sicher abzuzeichnen begann und die immer verzweifeltere Lage den Widerstand zum Handeln zwang. So meinte Hassell, die Chance, nach der Krise von Stalingrad den „Systemwechsel" herbeizuführen, sei verpasst worden. Nur dieser brächte „wenigstens noch die Möglichkeit" eines erträglichen Friedens, einer inneren Genesung und Gesundung Europas.[316] In einem Brief Moltkes an seine Frau findet sich am 26. Januar 1943 der knappe Hinweis: „Gestern Abend war ich bei Peter [York von Wartenburg, Anm. der Verf.], um die neue Lage zu besprechen. Wir sind glücklicherweise wieder vollkommen auf einer Linie [...]"[317]. Für Moltke bedeutete die Forderung nach bedingungsloser Kapitulation ohnehin nur einen weiteren Markstein auf dem Weg zu der Niederlage Deutschlands, die eine Voraussetzung für seine Vorstellung vom Neubeginn Europas war.

Das Jahr 1943 sollte somit für den Widerstand ein Jahr voller Rückschläge und Misserfolge werden. Zunächst scheiterten im März zwei vielversprechende Attentatsversuche auf Hitler.[318] Im April 1943 holte der SD zu einem Schlag gegen den Chef der Abwehr Canaris aus, indem sie den Oster-Kreis zerschlug.[319] Das Misstrauen der Gestapo war geweckt, mit

---

[315] Ebd. Siehe dazu Hassells beißende Kritik an den Generälen nach der Niederlage von Stalingrad, Eintragung vom 14.2.1943, Hassell-Tagebücher, S. 347f.
[316] Eintragung vom 6.3.1943. Ebd., S. 394.
[317] Brief vom 26.1.1943. Moltke: Briefe, S. 457.
[318] Am 13. März 1943 sollte Hitlers Flugzeug nach einem Besuch an der Ostfront gesprengt werden; die Bombe detonierte jedoch nicht. Kurz darauf, am 21. März, wollte sich Generalmajor Freiherr v. Gersdorff während eines Ausstellungsrundganges zusammen mit Hitler durch eine Sprengladung töten. Joachim Fest: Staatsstreich – Der lange Weg zum 20. Juli, Berlin 1994, S. 193–199.
[319] Gisevius: Ende, S. 229–231. Zu der Problematik der Rolle Canaris' im Widerstand siehe Heinz Hoehne: Canaris. Patriot im Zwielicht, München o.J.; hier wäre besonders das Kapitel 12: „Der Sturz", S. 465–528 zu beachten.

weiteren Verhaftungen musste gerechnet werden. So drängte nicht nur die außenpolitische Lage zur raschen Aktion, sondern auch eine wachsende Gefährdung des Widerstandes in Deutschland selbst. Im Folgenden soll untersucht werden, wie die Situation des Jahres 1943, geprägt durch die Forderung nach einer „bedingungslosen Kapitulation", die außenpolitischen Konzepte und Vorstellungen des Widerstandes beeinflusste.

4.2.1 Die Honoratioren

Trotz der Forderung nach „unconditional surrender", die immerhin von den Westmächten ausging, gaben die Honoratioren die Hoffnung auf einen Ausgleich mit dem Westen im Grunde nie auf. Schon allein die Tatsache, dass Goerdeler im Herbst 1943 über Mittelsmänner in Stockholm einen „Friedensplan" an die britische Regierung übermittelte, zeugt von der Entschlossenheit, die Westmächte weiterhin für seine außenpolitischen Nachkriegspläne zu gewinnen.[320] Schon aus den einleitenden Sätzen geht hervor, warum die Honoratioren nicht an die Aufrechterhaltung der „bedingungslosen Kapitulation" glauben wollten. Dem stünden zwei Gründe entgegen: Erstens müsse „Deutschland um des deutschen Volkes, der Völker Europas und des Friedens der Welt willen moralisch und materiell stark sein".[321] Ein „automatisiertes" Deutschland in der Mitte Europas würde nach dieser Sicht einen ähnlichen Unsicherheitsfaktor für die Zukunft bilden wie nach dem Ersten Weltkrieg. Zweitens würden zwischen England und Russland „Interessengegensätze von Ostasien bis zum Mittelmeer, vom Mittelmeer bis zum Nordatlantik bestehen, die in der Natur der Verhältnisse begründet

---

[320] Abgedruckt bei Ritter: Widerstandsbewegung, S. 570–576.
[321] Ebd., S. 570.

sind". Europa brauche, so Goerdeler, eine Sicherung gegen die „russische Übermacht", die auf längere Zeit jedoch nur durch England und Deutschland gesichert werden könne, da es zweifelhaft sei, ob Amerika dauernd Kräfte für diese Sicherung zur Verfügung stellen würde. Daher sei es sinnvoll, die „natürliche Interessengemeinschaft zwischen England und Deutschland" zu verwirklichen, weil sie all jene Voraussetzungen erfüllen würde. Der Antikommunismus der Honoratioren, auf dem in einem anderen Kapitel dieser Arbeit noch einzugehen sein wird, machte es ihnen unmöglich, an eine dauerhafte Verständigung zwischen den westlichen Alliierten und Stalin zu glauben. Goerdeler nahm an, wenn eine neue deutsche Regierung die Nationalsozialisten selbst bestrafen würde – „Deutschland muß Ehre und Anstand bei sich selbst wieder herstellen" –, dann wäre diese ein annehmbarer Verhandlungspartner.

Die territorialen Forderungen der Honoratioren waren inzwischen bescheidener geworden, auch wenn das Ergebnis ihrer Vorstellungen Deutschland weiterhin die stärkste Stellung in Mitteleuropa gesichert hätte. Aber um das Deutsche Reich gegen „einen dauernden Druck der gewaltigen russischen Kraft zu sichern",[322] müsse der territoriale Bestand Deutschlands, „wie er sich durch die Geschichte als sinnvoll und notwendig herausgestellt hat", erhalten werden. Goerdeler warnte vor allen Plänen, Deutschland aufzuteilen. Dies würde immer wieder Spannungen in Deutschland und damit in Europa erzeugen, denn „Deutschland liegt nun einmal in der Mitte des Kontinents". Die konkreten Grenzforderungen hielten sich bezüglich des Ostens in gewohnter Weise. Goerdeler forderte die Reichsgrenze von 1914. Polen sollte wieder ein souveräner Staat werden, Ersatz für Ostpreußen und Posen könnte es durch eine Staatsunion mit Litauen

---

[322] Ebd., S. 571.

erhalten.[323] Im Westen wollte Goerdeler die in der Konferenz in München anerkannten Grenzen, einschließlich Österreich. Dass die Beschlüsse von München als Resultat von Hitlers Drohgebärden für die Alliierten inzwischen unannehmbar waren, scheint er nicht gesehen zu haben.

Doch den weitaus größten Raum der Denkschrift nahmen Goerdelers Sorge betreffend die Hoffnungen ein, die die Westalliierten auf die Sowjetunion setzten, um eine dauerhafte Nachkriegsordnung zu schaffen. Er erinnerte daran, dass zwischen England und Russland seit dem 19. Jahrhundert Interessengegensätze bestünden.[324] Russland sei zwar nach dem Ersten Weltkrieg sehr geschwächt gewesen, aber jetzt sei „an der Wiedererstarkung Rußlands nicht mehr zu zweifeln". Goerdeler warnte vor einer Vorherrschaft des heutigen Russlands über Europa, dann würden nämlich die Nationen Mittel- und Westeuropas „durch den Krieg geschwächt, durch Leidenschaft bewegt, vor schier unerfüllbaren Aufgaben stehend, zunächst dem radikalen Bolschewismus verfallen".[325] Auch dürfe Russland die einzige Macht auf der Erde sein, die ohne eine große Flotte das Empire bedrohen können. Es sei deshalb im ureigensten Interesse Englands, die daraus notwendigen Schlussfolgerungen zu ziehen. Diese sahen nach Goerdeler so aus:

> „Wir können nur unsere Meinung sagen und die besteht darin, daß alle europäischen Völker westlich Rußlands sich gegen eine russische Übermacht und Vorherrschaft sichern müssen. Weder Frankreich noch Italien noch ein Zusammenschluß der kleineren Völker kann diese Sicherung zur Zeit gewähren. Deutschland kann es eben noch, wenn es rechtzeitig die Verbrecher zum Teufel jagt und bestraft, und wenn ihm England und Amerika die Möglichkeit gewäh-

---

[323] Ebd.
[324] Ebd., S. 572.
[325] Ebd.

ren, den Krieg ohne Zusammenbruch zu liquidieren. Ein Hemmnis hierzu ist die Forderung der bedingungslosen Kapitulation."[326]

Denn eines sei „mathematisch sicher": Wenn Deutschland nach einem geglückten Staatsstreich die bedingungslose Kapitulation abgefordert würde, „so legt der deutsche Soldat im Osten genau so die Waffe nieder, wie es jeder andere Soldat der Welt tun würde. Damit würde Rußland der Vormarsch freigegeben werden. Wo er zum stehen kommt, weiß kein Mensch." Da die Westalliierten durch den Krieg in Ostasien gebunden seien, wäre es die Aufgabe Deutschlands, den Schutz Europas zu übernehmen.[327] Dafür würde Deutschland natürlich alle besetzten Gebiete räumen und Luft- wie Bodenkrieg einstellen. Gegenüber Russland sollte die alte Ostgrenze Polens von der Wehrmacht gesichert werden.[328] Russland habe dann keinen Anlass mehr, von England und Amerika die Fortsetzung des Krieges, insbesondere des Luftkrieges zu verlangen.[329] Hier kommt wieder die alte Vorstellung von Deutschland als „Bollwerk gegen den Bolschewismus" ins Spiel. Aus der Sicht der Honoratioren, die das „neue" Deutschland als Teil der westlichen Wertegemeinschaft sahen, war es klar, dass die Notgemeinschaft der Alliierten gegen den Nationalsozialismus nun ihrer Voraussetzung beraubt war, und sich der Westen in althergebrachter Weise gegen die Sowjetunion schützen müsse. Denn immerhin habe Roosevelt in Casablanca lediglich die nationalsozialistische Weltanschau-

---

[326] Ebd., S. 573.
[327] Auch nach seiner Verhaftung vertrat Goerdeler noch diese Meinung: „Es schwebte mir keineswegs eine Kapitulation vor, wohl aber wollte ich alles auf eine Karte setzen, um England vor dem Wahnsinn zu bewahren, Europa unfähig zu machen, sich gegen den Bolschewismus zu verteidigen [...] Man hoffte im stillen Einvernehmen mit den Westmächten, die Ostfront verstärken zu können und die Invasion hintan zu halten [...] Meines Erachtens muß es die Hauptaufgabe der heutigen Außenpolitik sein, die Westmächte für einen Kampf gegen Moskau zu interessieren." Bericht vom 21.11.1944. Zitiert nach Kaltenbrunner-Berichte, S. 492.
[328] Dies war für Goerdeler kein Widerspruch, da für ihn auch Polen zur westlichen Wertegemeinschaft zählte.
[329] Ritter: Widerstandsbewegung, S. 573.

ung gegeißelt, nicht Deutschland an sich. Und diese unterschied sich nach Ansicht der Honoratioren, wie wir schon gehört haben, wenig vom Bolschewismus.

Goerdeler beschäftigte sich in seiner Denkschrift auch mit der zukünftigen Rolle der USA. Zwar sei er erfreut, dass Amerika beabsichtige, sich auch nach dem Krieg mit europäischen Angelegenheiten zu befassen und sich nicht wieder in seinen Isolationismus zurückzuziehen. Er lehnte aber amerikanische Pläne ab, „Deutschland gesund machen zu wollen".[330] Amerika würde damit „die totale Verantwortung für die Not in Deutschland und für seinen Wiederaufbau übernehmen". Für Goerdeler war dies schon vom materiellen Standpunkt aus ein undurchführbares Verfahren, da seiner Meinung nach der Wiederaufbau Deutschlands Generationen in Anspruch nehmen werde.[331] Auch war er sicher, dass Deutschland sein inneres „Rettungswerk" selbst vollbringen könne.

Außerdem würde für die amerikanischen Pläne keine „moralische Berechtigung"[332] existieren. Denn nach Goerdelers Ansicht waren die westlichen Alliierten vor dem Krieg von vielen Seiten vor Hitler und dessen Kriegsplänen gewarnt worden, hätten aber nichts dagegen unternommen.[333] Goerdeler rechnete ebenso damit, dass Amerika nicht immer „die Sicherung Europas gegenüber Rußland" mit übernehmen werde. Ihm schwebte deshalb eine Interessengemeinschaft mit England vor, die auf einer Ar-

---

[330] Ebd., S. 574.
[331] Ebd., S. 572.
[332] Ebd., S. 574.
[333] „Trotz unserer Warnung ist Chamberlain 1938 Hitler nachgelaufen. Damals war durch die englische Festigkeit der Krieg vermeidbar und Hitler zu entlarven. Es liegt uns fern, die Verantwortung, die wir Deutschen zu tragen haben, vermindern zu wollen; aber es liegt ein nicht nur von uns Deutschen verschuldetes, tragisches Geschehen vor, unter dem wir Deutsche nicht geringe Opfer für unsere Überzeugung gebracht haben. Wenn wir uns befreien, wird die Welt erfahren, was anständige Deutsche erlitten und gelitten haben, wieviele von ihnen qualvollen Todes gestorben sind für die deutsche Ehre und die Freiheit der Welt." Ebd.

beitsteilung beruhen sollte: England sollte den Schutz der Weltmeere übernehmen, während Deutschland die Hauptlast der Sicherung des europäischen Kontinents übernehmen sollte.

Auf die Annahme einer gemeinsamen Frontstellung gegen Russland, in die sich die Honoratioren trotz des Krieges Deutschland neben England und den USA eingereiht sahen, bauten sie die Hoffnung, der vollständigen Besetzung und Auslieferung des Schicksals Deutschlands an die Alliierten zu entgehen. Die Verantwortung vor der Zukunft gebiete, so meinten sie, Deutschland nicht vollständig zu entmachten, um Europa vor Stalins Bolschewismus zu schützen. Denn dazu sei ein Deutschland, das sich selbst vom Nationalsozialismus befreite, durchaus in der Lage. Sie bedachten dabei nicht, dass für die westlichen Allliierten „Großdeutschland" an sich, und dieses wollten die Honoratioren als geografisches Ganzes erhalten, gefährlicher erschien als die Sowjetunion. Unter dem Aspekt der drohenden totalen Niederlage und der „bolschewistischen Bedrohung" fingen die Honoratioren jedoch auch an, sich mit einem europäischen Staatenbund zu beschäftigen.[334]

4.2.2 Die Kreisauer

Die in den Kaltenbrunner-Berichten zu finden de Feststellung, dass „[...] der Verlust des Krieges die selbstverständliche Voraussetzung aller Überlegungen und Vorschläge war",[335] trifft den Kern aller Kreisauer Konzepte. Aus diesem Grund hatte die Nachricht aus Casablanca auf sie nicht dieselbe niederschmetternde Wirkung wie auf die Honoratioren. Auch wenn sie

---

[334] Siehe zu diesem Themenkomplex ein späteres Kapitel dieser Arbeit.
[335] Kaltenbrunner-Bericht vom 8.8.1944, S. 174.

sich die dann eintreffende totale Niederlage mit all ihren Auswirkungen natürlich noch nicht vorstellen konnten. Auch wenn die meisten Kreisauer nicht so weit wie Moltke gehen wollten, der die bedingungslose Kapitulation – auch unter einer Regierung des Widerstandes – für unumgänglich hielt, so waren sie sich doch weitgehend einig, dass mit erheblichen territorialen Opfern gerechnet werden musste.[336] Das Dilemma, im Widerstand gegen den Nationalsozialismus notfalls auch die völlige Preisgabe Deutschlands an die Alliierten hinnehmen zu müssen, wurde aber von allen Kreisauern gleich belastend empfunden. So schrieb Moltke im Mai 1942 an Lionel Curtis: „Natürlich ist Ihre Lage einfacher als die unsrige: Selbst für die Einfältigsten stimmen moralische und nationale Pflichten überein, während bei uns der Pflichtenkonflikt offenbar ist."[337] Aus diesem Grund bauten die Kreisauer auf die gemeinsame geistige Grundhaltung mit den Alliierten, da für sie der Kampf gegen Hitler alle Menschen mit demokratisch-abendländischer Gesinnung verband. Unter diesem Aspekt ist auch der Schlusssatz des oben genannten Briefes zu sehen, dessen Inhalt aus nationalistischer Sicht Hochverrat sein musste: „Wir hoffen, daß Ihr Euch klar darüber seid, daß wir bereit sind, Euch zu helfen, den Krieg und den Frieden zu gewinnen."

Dieses Vertrauen in die Westmächte, mit ihnen zusammen zu einer Zusammenarbeit auch nach der Niederlage Deutschlands und besonders mit einer neuen Reichsregierung zu kommen, wurde auch durch die Formel von Casablanca nicht erschüttert. Auch wenn es bei den Kreisauern keine unmittelbaren schriftlichen Reaktionen auf die Forderung nach „uncon-

---

[336] Graml: Vorstellungen, S. 137. Neben Moltke sah auch der Sozialdemokrat Julius Leder, der später auf Stauffenberg erheblichen Einfluss gewann, die Unumgänglichkeit der bedingungslosen Kapitulation.
[337] Lipgens: Europa-Föderationspläne, S. 130.

ditional surrender" gab, sind in diesem Zusammenhang zwei Denkschriften, bestimmt für Vertreter des Auslands, interessant. Denn wie die Honoratioren, so versuchten auch die Kreisauer trotz Churchills Formel des „absolute silence" und schließlich „unconditional surrender" in Kontakt mit den Westalliierten zu bleiben. Trott, der schon seit 1941 im Auftrage des Kreisauer Kreises unter einem offiziellen Deckmantel diplomatische Missionen meist nach Schweden und in die Schweiz durchführte, verstärkte seine Aktivitäten noch.[338] Nach der Kriegswende bei Stalingrad wurde auch von Kreisau eine verstärkte Anlehnung an die Westmächte gesucht.

Eine indirekte Reaktion auf die Forderung nach „unconditional surrender" könnte die Kreisauer Denkschrift „Bemerkungen zum Friedensprogramm der amerikanischen Kirchen" vom September 1943 sein.[339] Diese Denkschrift, die mit ziemlicher Sicherheit von Trott verfasst wurde,[340] stellte eine Antwort auf die „Political Propositions for Peace" dar, die im April 1943 vom „Federal Council of the Churches of Christ in America" veröffentlicht worden waren.[341] Dies zeigt, dass jedes Signal für Friedensbedingungen von Seiten der Westalliierten, auch wenn es inoffizieller Natur war, sofort aufgenommen wurde. Die Tatsache, dass dieser Vorstoß von kirchlicher Seite kam, sprach das Selbstverständnis der Kreisauer besonders an. Die Denkschrift gibt einen Einblick in die Gedanken der Kreisauer

---

[338] Einen allgemeinen Überblick über Trotts Auslandsreisen bei Rainer A. Blasius: Adam von Trott zu Solz, in: Rudolf Lill u. Heinrich Oberreuter (Hg.), 20. Juli. Porträts des Widerstandes, aktual. u. überarb. Neuausgabe, Düsseldorf/Wien 1994, S. 452–455; sowie detaillierter bei Trott zu Stolz: Lebensbeschreibung, S. 173–194.
[339] Denkschrift abgedruckt bei Rothfels: Außenpolitik, S. 318–322. Im Einzelnen folgen die Bemerkungen Trotts in der Disposition genau den sechs „Pillars of Peace", auf die die amerikanische Vorlage gründete.
[340] Ebd., S. 308. Trott verfasste die Denkschrift wahrscheinlich während eines Besuches in der Schweiz vom 8. bis 16. September 1943 (er war damals in Genf, Bern, Basel und Zürich) und übergab sie dem Leiter der Studienabteilung der Ökumene in Genf, Pfarrer Dr. Hans Schönfeld. Trott zu Stolz: Lebensbeschreibung, S. 178f.
[341] Dazu der Auszug im Federal Council Bulletin (A Journal of Interchurch Cooperation), 26/4 (April 1943), S. 11ff.

über die erwarteten Friedensbedingungen, ihre Bedenken und Vorschläge. Schon in der Einleitung wird deutlich, dass die Kreisauer nicht bereit waren, sich vollkommen in die Hände der Alliierten zu geben, sondern selbstbewusst eigene Vorschläge machten. Denn so willkommen ihnen eine Aussprache über die grundsätzlichen Voraussetzungen eines Friedens schon heute sei, glaubten sie doch, darauf hinweisen zu müssen, dass eine klare Vorstellung über die realen Bedingungen, unter denen Friedensverhandlungen geführt werden könnten, heute noch nicht möglich sei.[342] Auch glaubten die Kreisauer von ihren „besonderen nationalen Erfahrungen aus" neben den im Friedensprogramm niedergelegten Gesichtspunkten auch noch anderen besondere Aufmerksamkeit zuwenden zu müssen.

Wichtig scheint es den Kreisauern gewesen zu sein, einem neuen Versailles entgegenzuwirken. Mit allen Kräften müsse verhindert werden, dass die Friedensverträge wiederum mit dem Grundstatut der künftigen internationalen Organisation verbunden würden, auf der nach den Vorstellungen der Verfasser des Friedensprogramms die Nachkriegsordnung beruhen sollte. Denn:

> „Während Friedensverträge bekanntlich immer in besonderem Maße die relativen Machtverhältnisse wiederspiegeln, sollte das Statut der künftigen internationalen Organisation wirklich auf dem Boden der sittlichen und sachlichen Erfordernisse einer gleichberechtigten Zusammenarbeit der Nationen und Föderationen errichtet werden. In diesem Statut sollte der Machtgedanke dem des Rechts eindeutig untergeordnet werden [...]"[343]

In der Denkschrift wird davor gewarnt, einzelne Staaten nach dem Ermessen bestimmter Mächte aus dieser Organisation auszuschließen, ohne dass eine nachweisbare Verletzung des Rechts stattgefunden habe: „Wollte man

---

[342] Rothfels: Außenpolitik, S. 318.
[343] Ebd.

darum auch nur vorübergehend die etwa in diesem Krieg unterliegenden Nationen von der internationalen Organisation ausschließen, obwohl sie nach Beendigung des Krieges eine legale und aktionsfähige Regierung konstituiert haben, so würde man damit gegen den Rechtsgedanken, der diese Organisation beherrschen muß, zugunsten einer machtpolitischen Erwägung verstoßen, deren Eindringen die Arbeit dieser Organisation wiederum an der Wurzel vergiften müßte." Obwohl keine Namen genannt werden, ist klar, dass hier von Deutschland – nach einem gelungenen Staatsstreich – die Rede ist. Es kommt die Sorge zum Ausdruck, dass auch nach diesem Krieg wieder die machtpolitischen Erwägungen der Sieger den Ausschlag geben und eine grundsätzliche Neuordnung Europas verhindern könnten. In dem Dokument wird wiederum die Notwendigkeit von Föderationen, insbesondere für Europa, betont. Doch müsse in dem rechtlichen und politischen Aufbau solcher Föderationen, um ihnen Stabilität zu verleihen, das Grundprinzip der Selbstverwaltung verwirklicht werden:

> „Keine europäische Föderation würde von Dauer sein, die von außen unter direkter oder indirekter Anwendung von Gewalt und Zwang geschaffen wäre. Die europäische Föderation muß das Werk der Beteiligten selbst sein, wenn auch angesichts der gewaltigen Schwierigkeiten während der Übergangszeit unterstützende Maßnahmen von außen, die in echtem Einvernehmen mit den jeweiligen Trägern der Selbstverwaltung erfolgen, zur Herstellung und Erhaltung des Friedens in Europa notwendig sein werden."[344]

Die Denkschrift warnte ausdrücklich vor Einmischungen „von außen", womit wohl eine mögliche Präsenz bzw. Besatzung durch die USA und Großbritannien in Europa gemeint war, da diese nach kurzer Zeit die gleichen Mängel und Missstände aufweisen werde, wie die sogenannte „Neue

---

[344] Ebd., S. 319.

Ordnung" des Nationalsozialismus.³⁴⁵ Ein deutlicher Hinweis darauf, dass zumindest der Verfasser der Denkschrift, Trott, eine Besetzung Europas und damit Deutschlands, durch die Alliierten entschieden ablehnte mit dem Argument, dadurch sei nicht die dauerhafte Ordnung zu schaffen, auf die es allen Kreisauern so sehr ankomme, sondern es werde machtpolitisch in die Fußstapfen der Nationalsozialisten getreten. Eine dauerhafte europäische Föderation konnte nach Trott nur auf dem „Grundprinzip der Selbstverwaltung" aufgebaut werden. Ein aktiver deutscher Beitrag zu der geplanten europäischen Föderation könne nur durch die Erhaltung der deutschen Eigenstaatlichkeit erreicht werden. Die totale Besetzung Deutschlands und dessen Ausschluss aus der „allgemeinen internationalen Organisation"[346] würden auch diese Nachkriegsordnung – wie diejenige von Versailles – „an der Wurzel vergiften".

Im Folgenden werden in der Denkschrift Konzepte entwickelt, inwieweit die nationale Souveränität der einzelnen Staaten eingeschränkt werden sollte, um der geplanten internationalen Organisation eine solide Machtgrundlage zu geben. Der Satz, dass insbesondere in Europa die Entwicklung die Unzulänglichkeit des souveränen Nationalstaates als letzte internationale Instanz beweise und auf größere Zusammenhänge der einzelnen Völker hindränge, war schon in früheren Schriften der Kreisauer zu finden. Jetzt wurde diese Konzeption folgerichtig auf die Rüstungskontrolle ausgeweitet: „Ohne die Einschränkung der staatlichen Souveränität durch eine wirksame internationale Instanz wird sich immer wieder ein Missbrauch der bewaffneten Staatsmacht ergeben."[347] Doch neben dieser Einsicht warnte die Denkschrift vor einer einseitigen Entwaffnung der besiegten Na-

---

[345] Ebd.
[346] Ebd., S. 318.
[347] Ebd., S. 321.

tionen, da diese schwerste Rückwirkungen auf das Funktionieren der internationalen Organisation mit sich bringen werde. Auf diese Weise würden „Nationen zweiter Klasse"[348] geschaffen, deren gleichberechtigte Beteiligung an der internationalen Ordnung wenigstens auf einem wichtigen Gebiet praktisch ausgeschlossen werde. Denn im Falle der Internationalisierung der Streitkräfte wären die besiegten Nationen an diesen nicht beteiligt, und alle hierauf bezüglichen Bestimmungen des internationalen Statuts würden auf sie keine Anwendung finden. Dieses Vorgehen müsse nach Ansicht der Kreisauer den Rechtscharakter der Organisation in den Augen dieser so benachteiligten Völker diskreditieren, und damit werde das „Fundament einer wesentlichen gesinnungsmäßigen Gleichheit"[349] zerstört. Denn eine internationale Zusammenarbeit, die gleich zu Beginn mit Misstrauen gegen ganze Völker belastet wäre, könne nicht von Dauer sein und werde der inneren Voraussetzung für eine „freudige und konstruktive Zusammenarbeit entbehren." Wie weit die Kreisauer im Grunde schon über die Formel des „unconditional surrender" hinausblickten, mag der folgende Abschnitt zeigen:

> „Grundsätzlich glauben wir an dieser Stelle betonen zu müssen, daß man die negativen Mittel der Friedenssicherung durch Weltpolizei und Rüstungsbeschränkung in ihrer Bedeutung nicht überschätzen darf, in ihrer Bedeutung für die Friedenssicherung stehen sie, wie wir meinen, auf lange Sicht weit hinter den positiven Mitteln zurück, die die ständige Betätigung praktischer und konstruktiver Zusammenarbeit zwischen den Nationen darbietet."[350]

Die Stärke dieser Denkschrift bestehe nicht in einer Widerlegung der Formel von Casablanca, sondern in ihrer Warnung vor deren befürchteten Folgen, die wieder ganze Nationen vom Einfluss auf das Weltgeschehen aus-

---

[348] Ebd.
[349] Ebd.
[350] Ebd.

schließen mussten. Obwohl kein einziger Staat beim Namen genannt wurde, ist klar dass mit den „besiegten Nationen" Deutschland, Japan und Italien gemeint waren. Die Kreisauer gingen zwar in ihren Konzeptionen von einer Niederlage Deutschlands aus, doch war die Niederlage ihrer Ansicht nach gleichzeitig ein Neubeginn in einem vom Nationalsozialismus befreiten Europa.

Die Forderung nach „uncoditional surrender" musste so als Abfuhr der Alliierten an die guten Elemente in Deutschland empfunden werden. Doch war den Angehörigen des Widerstandes bewusst, dass die bedingungslose Kapitulation nicht das letzte Wort für eine Nachkriegsordnung sein könne. Gerade darauf bauten sie, und diese Erkenntnis ließ sie weiterhin für ein Deutschland nach Hitler arbeiten und Kontakt zu den Alliierten suchen, mit denen sie sich durch eine „gesinnungsmäßige Gleichheit" verbunden fühlten.[351] Gleichzeitig waren sich die Kreisauer der Anforderungen an ihre christlich-moralischen Vorstellungen bewusst, und so schließt die Denkschrift mit dem Satz: „Die gewaltige Diskrepanz zwischen der grundsätzlichen christlichen Forderung und dem Maß ihrer irdischen Verwirklichung sollte uns wohl auch bei der künftigen internationalen Zusammenarbeit und

---

[351] Diese Verbundenheit schloss Kritik und auch zunehmende Bitterkeit gegenüber den Westalliierten nicht aus. In einem Telegramm von Allen W. Dulles (OSS Bern) an die OSS-Zentrale in Washington vom 14. Januar 1943 wird von der Kritik Trotts berichtet: „Die Tatsache, daß seine Annäherungsversuche auf keinerlei Ermutigung oder Verständnis stoßen, scheint für den Widerstand eine Quelle tiefer Enttäuschung zu sein [...] Es wird die Ansicht vertreten, daß der Widerstand enorme Risiken auf sich nehme, um seine Tätigkeit fortzusetzen, und daß er sie wegen der Unfähigkeit der Westmächte, die unterdrückten Völker in den besetzten Gebieten und die Deutschen selbst zu verstehen, einstellen werde, falls die Gespräche nicht fortgesetzt würden. Folglich neigt der Widerstand zu der Auffassung, die angelsächsischen Länder theoretisieren lediglich und seien voller pharisäischer Mißbilligung und bourgeoiser Vorurteile." Diese Drohung zeigt gleichzeitig jedoch, wie hoch der Widerstand die Rolle der Westalliierten für den Umsturz einschätzte. Zitiert nach Jürgen Heideking u. Christoph Mauch (Hg.): USA und deutscher Widerstand. Analysen und Operationen des amerikanischen Geheimdienstes im Zweiten Weltkrieg, Tübingen/Basel 1993, S. 20f.

ihrer allmählichen, schrittweisen praktischen Verwirklichung immer warnend und anfeuernd vor Augen stehen."[352]

Zusammenfassend ist zu dieser Denkschrift also zu sagen, dass die Formel des „unconditional surrender" zwar als hinderlich für die Nachkriegsplanung angesehen wurde – insbesondere hinsichtlich der Militärs, die man zur Mitarbeit gewinnen wollte – die Verfasser der Denkschrift aber nicht an eine völlige Unzulänglichkeit der Westalliierten glauben wollten. Der Bestand einer zukünftigen Friedensordnung hing ihrer Ansicht nach fundamental von einer Gleichberechtigung der europäischen Nationen ab.

Anders stellt sich die Situation in einem Memorandum Trotts dar, in dem er die Fronde gegen Hitler beschrieb, und das er während seiner letzten Auslandsreise im Juni 1944 in Schweden einem britischen Geheimdienstmann übergab.[353] Trott kritisierte darin offen die englische Regierung, weil sie auch gegenüber einer „Anti-Nazi-Regierung" an der Formel des „unconditional surrender" festhalte und durch diese „unqualifizierte" Ansicht eine Kommunikation oder sogar Kooperation mit den Verschwörern psychologisch und politisch unmöglich mache.[354] Fast beschwörend klingt angesichts des bevorstehenden Attentats Trotts Aufforderung, einige Zusagen bezüglich der territorialen Einheit Deutschlands, der Demobilisierung durch das deutsche Oberkommando „in Kooperation mit Alliierten Kontrollkommissionen" und die Bestrafung von Nazi-Verbrechern durch

---

[352] Rothfels: Außenpolitik, S. 321.
[353] Die englische Regierung hatte als Voraussetzung für eine engere Zusammenarbeit konkrete Informationen über den deutschen Widerstand verlangt, die Trott aber in dem gewünschten Ausmaß nicht geben wollte, da er der englischen Regierung nach all den vorausgegangenen Enttäuschungen nicht mehr traute. Memorandum abgedruckt bei Henrik Lindgren: Adam von Trotts Reisen nach Schweden 1942-1944, VZG 18 (1970), S. 274-291, S. 289-291. (Deutsche Übersetzung von der Verfasserin).
[354] Ebd., S. 289f.

deutsche Gerichte zu machen, um die deutschen Generäle zu beruhigen.[355] Auch sei es eine anerkannte Tatsache unter den Verschwörern, dass die Opposition zuerst handeln, sich etablieren und dann die praktischen politischen Möglichkeiten nach allen Seiten sondieren müsse, vorausgesetzt, dass eine Qualifizierung der Formel „unconditional surrender" bevorstehe.[356] „Unconditional surrender" wurde hier als eine Beschränkung auf den rein militärischen Aspekt kritisiert, unter dem eine Zusammenarbeit zwischen den Verschwörern und den Westalliierten nicht fruchtbar sein könne.

Auch in diesem Fall vertrat Moltke eine radikalere Meinung. Da er schon seit Beginn des Krieges mit der Niederlage rechnete und diese sogar als Voraussetzung für den Wiederaufbau eines demokratischen Deutschlands sah, musste ihm auch der Schritt zur bedingungslosen Kapitulation nicht allzu groß erscheinen. Aufschlüsse über Moltkes Einstellung zum „unconditional surrender" gibt ein erst in jüngster Zeit genauer erforschtes Dokument über den Vorschlag Moltkes zur militärischen Kooperation des deutschen Widerstandes mit den Westmächten. Dieses sogenannte „Herman-Dossier" entstand im Dezember 1943, als Moltke in Istanbul versuchte, Kontakt mit den Vereinigten Staaten aufzunehmen.[357] Ob Moltke zunächst vor allem darauf drang, die Formel des „unconditional surrender" zurückzunehmen, wie bei Roon behauptet wird,[358] muss dahingestellt bleiben. Nach Kenntnis seiner Vorstellungen erscheint dies eher unwahrscheinlich, aber vielleicht wollte er, wie später auch Trott, einige Zusagen, um die

---

[355] Ebd., S. 290.
[356] Ebd., S. 291.
[357] Zu diesem Themenkomplex siehe Jürgen Heideking u. Christoph Mauch: Das Herman-Dossier. Helmuth James Graf Moltke, die deutsche Emigration in Istanbul und der amerikanische Geheimdienst Office of Strategic Services (OSS), in: VZG 40 (1992), S. 567–623. Darin ist auch die Originalversion in englischer Sprache abgedruckt. Deutsche Übersetzung bei Dies. (Hg.): USA, S. 52–55 sowie bei Roon: Neuordnung, S. 582–591.
[358] Roon: Neuordnung, S. 319.

deutschen Generäle besser überzeugen zu können. In der Denkschrift werden die Voraussetzungen für eine Zusammenarbeit mit den westlichen Alliierten beschrieben. Die ersten beiden Punkte der Denkschrift enthalten das weitreichendste Entgegenkommen an die Alliierten, zu dem irgendeine hier behandelte Widerstandsgruppe überhaupt bereit war:

> „1. Die Gruppe hält eine unbezweifelbare militärische Niederlage und Besetzung Deutschlands aus moralischen und politischen Gründen für absolut notwendig."[359]

Auch der nächste Punkt stammt in seinem tiefen Glauben an die Zukunft und die freizusetzenden Selbstreinigungskräfte in Deutschland nach diesem Krieg zweifellos von Moltke:

> „2. Sie [die Gruppe, Anm. der Verf.] hält deshalb die alliierte Forderung einer bedingungslosen Kapitulation für berechtigt, und ist sich darüber klar, daß bis dahin Verhandlungen über Friedensbedingungen nicht in Frage kommen. Ihre pro-angelsächsische Einstellung beruht auf der Überzeugung, daß in den weltanschaulichen Idealen, in den Grundanschauungen und Grundzielen bezüglich der Zukunft der Welt, Europas und Deutschlands, zwischen der Gruppe und den Alliierten weitgehende Übereinstimmung besteht, daß die wahren Interessen eines künftigen freien und demokratischen Deutschlands mit denen der Alliierten konvergieren, und daß sich daraus ganz von selbst und mit Notwendigkeit eine produktive Zusammenarbeit ergeben muß und wird. Sie hält diese in den Dingen selbst liegende Notwendigkeit für eine weit bessere und sicherere Garantie als irgend welche formellen Zusagen, die zu den jetzigen Umständen von alliierter Seite kaum gegeben werden könnten."[360]

Dieser weitgehende Schritt, der nur erfolgen konnte, weil Moltke fähig war, die Lage absolut realistisch einzuschätzen, lässt ein bezeichnendes Licht auf dessen Vorstellungen fallen: Immer noch war er von der Identität der Ziele von Westalliierten und Widerstand überzeugt; dies so sehr, dass

---

[359] Ebd., S. 584.
[360] Ebd.

er die bedingungslose Kapitulation zwar akzeptierte – diese aber nur den Westmächten gegenüber.

Im „Herman-Dossier" heißt es weiter: „Bei allem Folgenden wird vorausgesetzt, daß die deutsche Ostfront gegen Rußland [...] gehalten wird."[361] Pläne für eine Westkapitulation tauchten schon vorher auf. Denn hier schienen sich die Vorstellungen von Kreisauern und Honoratioren zu decken: Sowjetischer Einfluss müsse so weit wie möglich aus Europa ferngehalten werden. Diese vehemente Einstellung beider Widerstandsgruppen lässt es notwendig erscheinen, im Folgenden näher auf deren ostpolitische Vorstellungen einzugehen.

---

[361] Ebd.

5. Die Rolle des Ostens in den außenpolitischen Vorstellungen und Konzepten des Widerstandes

Die Einstellung beider Widerstandsgruppen gegenüber dem europäischen Osten und besonders der Sowjetunion ist überraschend homogen, obwohl doch ihre sonstigen außenpolitischen Konzepte sehr voneinander abwichen. Sowohl die Honoratioren als auch die meisten Kreisauer waren entschieden „anti-bolschewistisch" eingestellt und identifizierten sich in ihren Wertvorstellungen, wie schon gezeigt wurde, mit dem Westen. Außerdem bestand in beiden Gruppen die weit verbreitete, traditionell begründete Überzeugung von der weltpolitischen Sonder- und Mittlerstellung des Deutschen Reichs, die auch einen Kreisauer wie Trott, wie oben erwähnt, von der Versöhnung zwischen dem „Personalprinzip des Westens" und dem „Realprinzip des Ostens" sprechen ließ.[362] Während in der ideologischen Ablehnung des Bolschewismus beide Gruppen also ungefähr dieselbe Position vertraten, unterschieden sich ihre Ansichten bezüglich zukünftiger territorialer Regelungen in Osteuropa erheblich. Deshalb sollen die Vorstellungen und Konzepte von Honoratioren und Kreisauern auch an dieser Stelle getrennt untersucht werden.

5.1 Die Honoratioren und der Osten

Die Honoratioren empfanden die Sowjetunion als die bedrohlichste außenpolitische Gefahr und im Hinblick auf ihre eigenen Wertvorstellungen sogar als eine tödliche Bedrohung. Hitler hatte ihrer Ansicht nach diese Be-

---

[362] Hildebrand: Vorstellungen, S. 215.

drohung schon 1939 durch seinen Pakt mit Moskau mutwillig heraufbeschworen, wie in einem der vorigen Kapitel ausgeführt wurde. Sie war damals eher latent gewesen, und Hitler war es durch seinen raschen Erfolg über Frankreich überdies gelungen, sich noch einmal eine gewisse Entlastung zu verschaffen. Mit seinem Angriff auf die Sowjetunion aber hat er, nachdem der „Blitzkrieg" in Russland gescheitert war, die Bedrohung in eine akute Gefahr für Deutschland und damit für ganz Europa verwandelt.

Hassell beschäftigte sich in einem seiner Aufsätze[363] sogar mit der Frage, ob Russland denn überhaupt zu Europa gehöre. Er betonte zwar, dass erst das russische Gebiet Europa kontinentale Eigenschaften und autarke Möglichkeiten verleihe, die ihm auf Dauer neben Amerika und Asien wirtschaftlichen „Erdteilsrang" sichern könnten und gab zu, dass „der Erdteil ohne das heutige europäische Rußland ein Torso" sei.[364] Erst die „germanisch-romanisch-slawische Dreiheit" mache die europäische Kultur als Ganzes aus. Aber, so fährt Hassell fort, das Verhältnis West- und Mitteleuropas zu Russland habe durch die Sowjetherrschaft ein ganz neues Gesicht erlangt. An die Stelle rein außenpolitischer oder wirtschaftlicher Beziehungen sei eine Art grundsätzliche Abwehrstellung gegenüber einem „Outsider" getreten, der sich nicht nur politischen Spielregeln nicht unterwerfe, sondern auch augenscheinlich sozial und sittlich ein System aufrichte, das mit der europäisch-christlichen Weltordnung nicht mehr vereinbar scheine. Der sowjetische Kommunismus bzw. Stalinismus wurde von Hassell als etwas ganz und gar uneuropäisches empfunden, ja sogar als etwas „asiati-

---

[363] Hassell: Untergang, S. 599–613.
[364] Ebd., S. 601f.

sches".³⁶⁵ Dieser von Hassell als unnatürlich empfundene Zustand der Isolierung Russlands von Europa habe nur eine Wurzel:

> „In geistiger Hinsicht genügt aber ein Blick auf das Problem des Bolschewismus, um die Notwendigkeit zu ergeben, in den vom übrigen Europa durch keine Schranke getrennten russischen Gebieten europäische Art durchzusetzen und zu behaupten."³⁶⁶

In dem wenige Wochen nach Anlaufen des „Unternehmens Barbarossa", Codename für den Angriff auf die Sowjetunion, geschriebenen Aufsatz verstieg sich Hassell sogar zu dem Aufruf, den „Bolschewismus an der Wurzel auszurotten" sei daher eine „ausgesprochen europäische Aufgabe".³⁶⁷ Natürlich hatte Hassells Antibolschewismus nichts mit Hitlers Ausrottungsstrategie gegenüber der Sowjetunion zu tun, wie schon in einem der nächsten Sätze deutlich wird. Darin betonte Hassell, dass die Deutschen nicht gegen die Russen Krieg führen wollten, sondern gegen die Bolschewisten, was nichts anderes bedeutete als „das Ziel zu verfolgen, den russischen Raum, von den Sowjets befreit, wieder einzugliedern in das abendländische System".³⁶⁸ In der 1944 entstandenen Denkschrift „Der Weg" wird die Besatzungspolitik Hitlers scharf kritisiert, wie ja auch das gesamte Vorgehen der Deutschen im besetzten Osten Einfluss auf den außenpolitischen Entwicklungsprozess aller Widerständler hatte.³⁶⁹

---

[365] Ebd., S. 603.
[366] Ebd., S. 601f.
[367] Ebd., S. 602.
[368] Ebd., S. 612.
[369] So heißt es in dieser von Beck und Goerdeler verfassten Denkschrift, für das Ziel der „Ausrottung des Bolschewismus" hätte die russische Bevölkerung gewonnen werden müssen. Aber: „Geschehen ist das Gegenteil. Man hat nicht nur auf die gleiche bestialische Weise wie vorher die deutschen und russischen Juden ausgerottet, man ist auch gegen die russische Bevölkerung selbst mit brutalster Rücksichtslosigkeit, mit Ausplünderungen, mit Terror, mit Zwangseinziehung zur Arbeit in Deutschland vorgegangen." Abgedruckt bei Schramm: Gemeinschaftsdokumente, S. 167–232, S. 222.

Die Honoratioren, ebenso wie die Kreisauer, hatten für ihre Widerstandstätigkeit die enge nationalistische Plattform verlassen und dachten in übernationalen Zusammenhängen, wobei ihre Geisteshaltung fest im westlichen Lager wurzelte. So setzten sie ihre Hoffnungen zur Überwindung des Bolschewismus nicht auf den Nationalsozialismus – auch nicht als bloßes Instrument zu dessen Bekämpfung – sondern auf das gemeinsame Vorgehen der westlichen Wertegemeinschaft gegenüber der Sowjetunion. Hassell drückte sicherlich die Meinung vieler Widerständler aus, als er schrieb:

> „Der gegenwärtige Krieg entscheidet über zwei Fragen: über die Zugehörigkeit Rußlands zu Europa und über die künftige Fähigkeit des Abendlandes, auf Grund dieser Zugehörigkeit seine Stellung in der Welt zu behaupten [...] Die große Entscheidung, ob das Abendland untergehen soll oder nicht, hängt also nicht mehr von der Frage ab, ob der russisch-asiatische Bolschewismus unter deutscher Führung den moralischen Anspruch erheben kann, die christlich-europäische Kulturwelt durch eine Welt nach seiner Prägung zu ersetzen [...] vielmehr kommt es lediglich darauf an, ob Europa die Kraft und die Jugendfrische besitzt, sein Erbe zu verteidigen und auf diesem Erbe mit dem Gedankengut einer neuen Zeit ein dauerhaftes und wohnliches Gebäude aufzurichten."[370]

Hassell betonte, ein deutscher Sieg solle einmal die unheilvolle geistige Schranke niederreißen, die ein uneuropäisches Staatensystem zwischen Russland und dem übrigen Europa aufgerichtet habe, und zugleich die „Ansteckungsgefahr des Bolschewismus" für das Abendland beseitigen.[371] Obwohl Kreisauer und Honoratioren in ihrer negativen Beurteilung des Bolschewismus übereinstimmten, hatten sie doch unterschiedliche Vorstellungen, wie Europa nach dessen Überwindung aussehen sollte: Die Honoratioren wollten – zumindest bis 1943 – durch Deutschlands Vorrangstel-

---

[370] Hassell: Untergang, S. 604 u. 610f.
[371] Ebd., S. 612.

lung in Europa für Stabilität sorgen, während die Kreisauer einen europäischen Bundesstaat anstrebten.

Eine wichtige Rolle spielte für die Honoratioren die „Mittelstellung" Deutschlands in Europa. Hassell beschäftigte sich im Rahmen seines literarischen Schaffens immer wieder mit dieser Frage. In dem schon genannten Aufsatz von 1941 betonte Hassell noch, die Aufgabe Deutschlands sei „weder Ost noch West zu sein",[372] im Zuge des Russlandfeldzugs biete sich nun die Chance, statt des Balancierens zwischen westlicher und östlicher Anlehnung die europäische Führungsrolle zu übernehmen, „die der Mitte des Erdteils von vornherein hätte zugeteilt bleiben müssen, wenn nicht die politische Uneinigkeit und Schwäche der Deutschen sie für Jahrhunderte dazu unfähig gemacht hätte". Mit dem ungünstigen Verlauf des Krieges mussten die Honoratioren ihre deutschen Hegemonialpläne zwar Stück für Stück zurücknehmen, doch hielt zumindest Hassell an seiner Vorstellung von der Mittellage Deutschlands fest. Noch im Jahr 1944 schrieb er in einem Aufsatz: „[...] nichts bezeichnet, bestimmt und belastet die deutsche Lage stärker als die Tatsache, daß wir ein Land der Mitte sind."[373] Selbst jetzt, in der sich für das „Dritte Reich" ständig verschlechternden militärische Situation der Jahre 1943/44, hatte er keinen Zweifel, dass in der deutschen Mittellage neben Gefahren und Schwierigkeiten grundsätzlich auch „Aktiva" vorhanden seien. In der eigenen Geschichte sei Deutschland schon oft mit dem großen Ost-West-Problem konfrontiert worden. Es habe sich die Frage gestellt, ob es für die deutsche Außenpolitik geboten sei, eine Art Option zwischen Ost und West vorzunehmen und ob, wenn das erforderlich sei, die Anlehnung an den Osten oder an den Westen den deut-

---

[372] Ebd., S. 606.
[373] Ulrich von Hassell: Deutschland zwischen Ost und West [1944], in: Gregor Schöllgen, Ulrich von Hassell 1881–1944. Ein Konservativer in der Opposition, München 1990, S. 207–218.

schen Interessen eher entspräche.[374] Ein Aktivum der deutschen Mittellage sei vor allem die Tatsache, dass ein gesundes Europa auf die Dauer niemals bestanden habe und bestehen könne, ohne Deutschland „als gesundes und starkes Herz". Voraussetzung für die Nutzung dieses potenziellen Vorteils blieb freilich das richtige, eben das „Bismarcksche ‚Grundgefühl'",[375] d.h. die Fähigkeit, „in jedem Augenblick und in jeder Lage die Faktoren im Westen und im Osten mit eben diesem ‚Grundgefühl' abzuschätzen, sie in das politische Schachspiel als Figuren richtig einzusetzen und zwischen ihnen die deutschen Lebensnotwendigkeiten sicherzustellen".[376]

Bis zuletzt beschäftigte den von der Bismarckzeit geprägten Hassell jener zentrale Aspekt der „deutschen Lage", die auch den Dreh- und Angelpunkt der Außenpolitik des von ihm so hoch geschätzten ersten Reichskanzlers gebildet hatte, und deren maßvolle Autorität in so krassem Gegensatz zu Hitlers „Raumpolitik" stand. Diese Fixierung auf die Vorstellung einer Mittellage Deutschlands ließ die Honoratioren die zeitgenössische weltpolitische Situation, nämlich die Herausbildung der beiden Supermächte USA und UdSSR sowie den Zerfall des Britischen Empire, nicht erkennen. Vor diesem Hintergrund erscheint die Konzeption der Mittellage, obwohl sie in national-konservativen Kreisen weit verbreitet war, der Zeit nicht mehr angemessen und sozusagen ein Relikt des 19. Jahrhunderts gewesen zu sein. Trotzdem sensibilisierte gerade diese Vorstellung die Honoratioren für die Beurteilung des Bündnisses zwischen Stalin und den westlichen Alliierten, da sie an der Instabilität dieses „unnatürlichen" Bündnisses keinen Augenblick lang zweifelten, auch wenn zumindest Goerdeler gut genug wusste, dass „es kindlich wäre, davon zu träumen, daß sich die

---
[374] Ebd., S. 211.
[375] Ebd., S. 218.
[376] Ebd., S. 153.

beiden Mächte [England und Sowjetunion, Anm. der Verf.] während des Krieges trennen werden".[377] Die unausbleiblichen Spannungen zwischen den Alliierten galt es dennoch im deutschen Interesse auszunutzen, sodass die Honoratioren nach der für Deutschland immer bedenklicher werdenden Kriegslage notfalls auch eine Verständigung mit der Sowjetunion in ihre außenpolitischen Konzepte miteinberechneten. Hassell stellte 1943 anlässlich einer „lebhafte[n] Erörterung über eine im Falle der Wendung einzuschlagenden Politik gegenüber Rußland" fest: „Stalin differenziert sich immer stärker von den Angloamerikanern, deren überwältigende Erfolge er fürchtet."[378] Hassell befürchtete deshalb eine unvorhergesehene neuerliche Verständigung zwischen Hitler und Stalin wie 1939. Damit hätte Hitler seine Macht in Deutschland gesichert und Stalin seinen Einfluss bis Mitteleuropa ausgedehnt. Diese Schreckensvision kommentierte Hassell lapidar: „Wenn Hitler sich mit Stalin verständigt, so ist das daraus entstehende Unheil unvorstellbar." Anders sei die Situation, wenn ein „anständiges staatsbewußtes Deutschland" zum Zuge kommen würde:

> „Dieses muß in seiner Lage alle Chancen ausnutzen. Es gibt eigentlich nur noch diesen einen Kunstgriff: entweder Rußland oder den Angloamerikanern begreiflich zu machen, daß ein erhalten bleibendes Deutschland in ihrem Interesse liegt. Ich ziehe bei diesem Mühlespiel das westliche Ziel vor, nehme aber zur Not auch die Verständigung mit Rußland in Kauf."[379]

Hassell wäre bereit gewesen, mit dem bolschewistischen Russland gemäß der machtpolitischen Tradition des „Mühlespiels" zu paktieren, um für Deutschland einen erträglichen Frieden zu erreichen, aber auch um die „Mittellage" zu erhalten.

---

[377] Geheime Denkschrift Goerdelers, für die Generalität bestimmt (26. März 1943). Abgedruckt bei Ritter: Widerstandsbewegung, S. 577–595, S. 592.
[378] Eintragung vom 15.8.1943, Hassell-Tagebücher, S. 382.
[379] Ebd.

Schon einen Monat später bezweifelte Hassell aber bereits, ob die Bewegungsfreiheit für ein solches „Mühlespiel" noch gegeben sei, und neigte schon eher der Meinung zu, die sich dann auch im gesamten Widerstand um den 20. Juli durchsetzte: Nämlich „im Westen sofort alle besetzten Gebiete räumen, den Kampf einseitig aufgeben und alle Macht gegen den Osten werfen (einschließlich Südosteuropa) und damit den Angloamerikanern das Dilemma stellen, ob sie uns beim Kampf gegen Sowjetrußland wirklich in den Rücken fallen oder vielmehr – unter Besetzung Deutschlands – diesen Kampf weiter möglich machen wollen".[380] Auch in den Kaltenbrunner-Berichten wird auf den Plan eines Verhandlungsfriedens mit der Sowjetunion eingegangen.[381] Goerdeler hatte dagegen jedoch starke Bedenken, da für ihn, wie wohl für alle Honoratioren, ein Friedensschluss mit der Sowjetunion eine „Abänderung seines außenpolitischen Konzepts um 180 Grad" bedeutet hätte.[382] Ihm schwebte eher die Verständigung mit den Westmächten vor, und die Aufnahme der Verhandlungen mit der Sowjetunion erschien ihm erst dann vertretbar, wenn sich die Verständigung mit dem Westen als absolut aussichtslos erwiesen hätte. Der Bericht schließt: „Goerdeler erklärte damals, daß man noch keineswegs soweit sei."[383]

---

[380] Eintragung vom 19.9.1943, Hassell-Tagebücher, S. 390.
[381] Der Vorschlag eines Verhandlungsfriedens mit der Sowjetunion kam von Henning von Tresckow, einem der Köpfe der militärischen Gruppe der Verschwörung. Siehe Karl Otmar Freiherr von Aretin: Henning von Tresckow, in: Lill, Oberreuter (Hg.): 20. Juli – Porträts des Widerstands, Düsseldorf, Wien 1984, S. 423–438.
[382] Kaltenbrunner-Berichte, Bericht vom 28.8.1944, S. 308.
[383] Ebd. Immerhin erwogen die Honoratioren Ende 1943 doch, nach einem gelungenen Staatsstreich statt Hassell den ehemaligen deutschen Botschafter in Moskau, Friedrich-Werner Graf von der Schulenburg (Amtszeit 1934–1941), zum Außenminister zu machen, da dieser Stalin persönlich kenne. Siehe dazu die Eintragung Hassells vom 13.11.1943, Hassell-Tagebücher, S. 400 u. 405. Zur Tätigkeit Schulenburgs in Moskau siehe Ingeborg Fleischhauer: Diplomatischer Widerstand gegen „Unternehmen Barbarossa". Die Friedensbemühungen der Deutschen Botschaft in Moskau 1939–1941, Berlin 1991. Außerdem berichtet Hoffmann, die sowjetische Regierung habe den Wunsch ausgesprochen, mit Schulenburg Friedensverhandlungen zu führen, aber Hitler habe das immer wieder abgelehnt. Peter Hoffmann: Widerstand – Staatsstreich – Attentat. Der Kampf der Opposition gegen Hitler, München 1969, S. 292 f.

Zu dieser Einsicht gelangten die Honoratioren wohl, als nach dem Verlust von Stalingrad und Tunis sowie nach der Verkündigung der Formel des „unconditional surrender" die totale Niederlage Deutschlands nicht mehr abzuwenden schien. In dieser Situation zeigte der obige, aus der Verzweiflung geborene Vorschlag eines Ausgleichs mit der Sowjetunion, dass das Gespenst des Bolschewismus nun Fleisch und Blut anzunehmen begann und die Anlehnung an den Westen – auch unter Verlust der Eigenstaatlichkeit – letztlich als einziger Ausweg erscheinen musste. Ein Eingeständnis, das den patriotisch gesinnten Honoratioren sicher nicht leicht gefallen war.

Mit Hitler gehe der Krieg mit Sicherheit verloren, so meinte Hassell schließlich im Dezember 1943, weil er von beiden Seiten bis zur Katastrophe fortgeführt werden würde, „denn weder kann Hitler seiner Natur nach nachgeben, noch hat er eine Chance, eine für uns günstige Entscheidung zu erzwingen, noch sind die Angloamerikaner bereitzumachen, mit Hitler zu verhandeln".[384] Die einzige Chance, noch eine einigermaßen aussichtsreiche Politik im Sinne der Honoratioren zu führen, bestehe in der sofortigen Beseitigung Hitlers, da dieser der einzige verbindende Punkt zwischen den Alliierten sei. „Erst nach Erreichen dieses Ziels können (und werden) Differenzen aufbrechen." Bei diesen Differenzen werde es sich dann jedoch nicht um „Demokratie oder dergleichen" handeln, sondern „selbstverständlich" um „reine Machtpolitik".[385] Und wiederum spekulierte Hassell auf die Mittelstellung Deutschlands, in diesem Fall käme es darauf an, „den Leuten auf der anderen Seite klar zu machen, daß ein gesunder deutscher Faktor in ihrem eigenen Interesse liegt".[386] Auch wenn die Honoratioren ihre Hegemonialpläne für Europa spätestens 1943 aufgegeben hatten und sich sogar

---

[384] Eintragung vom 27.12.1943, ebd., S. 412.
[385] Ebd.
[386] Ebd., S. 412f.

den Kreisauer Konzepten anzunähern begannen,[387] setzten sie dennoch auf die traditionelle Gegnerschaft Großbritanniens (und in dessen Folge auch der USA) gegenüber der Sowjetunion und hofften, dass diese Gegnerschaft die westlichen Alliierten dazu bewegen werde, Deutschland als „Bollwerk" gegen den Bolschewismus in Europa zu akzeptieren.

Sie übersahen dabei jedoch, dass trotz aller sich in der zweiten Kriegshälfte gegenüber Stalin einstellenden Zweifel den Briten und Amerikanern auch ein vom „andern Deutschland" geführtes Reich in Europa durchweg bedrohlicher schien, als die stalinistische Sowjetunion.[388] Festzuhalten bleibt, dass im Widerstand im Umkreis des 20. Juli eine ausgesprochene Westorientierung zu finden ist. Die Ideologie des Bolschewismus wurde als „uneuropäisch" abgelehnt und versucht, die „Karte Bolschewismusgefahr" gegenüber dem Ausland auszureizen. Der von den Widerständlern verinnerlichte Anti-Bolschewismus wurde für ihre außenpolitischen Konzepte instrumentalisiert, da sie die von ihnen als unüberbrückbar angesehenen Gegensätze zwischen den Westalliierten und der Sowjetunion in ihrem Sinne ausnutzen wollten. Von der Idee einer prinzipiellen Gegnerschaft gegenüber der Sowjetunion, die für Hitler Maß und Ziel seiner Außenpolitik darstellte, waren die Honoratioren weit entfernt. Doch wollten sie den Bolschewismus, wenn er schon nicht „auszurotten" war, möglichst weiträumig von Europa fernhalten und seinen Einfluss ausschalten. Diese Aufgabe sahen sie als Teil ihrer europäischen Verantwortung.

---

[387] Siehe dazu das folgende Kapitel.
[388] Hildebrand: Vorstellungen, S. 221. Zur amerikanischen Haltung gegenüber Deutschland siehe dazu: A.J. Nicholls: American Views of Germany's Future during World War II, in: Lothar Kettenacker, Das „Andere Deutschland" im Zweiten Weltkrieg (Veröffentlichungen des Deutschen Historischen Instituts London 2), Stuttgart 1977, S. 77–87.

In den territorialen Konzepten der Ostpolitik folgten die Honoratioren der anti-polnisch geprägten Tradition der Weimarer Republik.[389] Das gespannte Verhältnis zu Polen wurzelte natürlich in den Deutschland durch den Versailler Vertrag aufgezwungenen Gebietsabtretungen, die den „Korridor" und Teile Oberschlesiens betrafen. Goerdeler – selbst gebürtiger Ostpreuße – bezeichnete den „Korridor" denn auch als einen „Pfahl im Fleisch" der deutschen „Wirtschaft und Ehre".[390] Eine Bereinigung dieser territorialen Probleme sah Goerdeler zur Existenzsicherung des Reiches als lebensnotwendig an. Er sprach sich in diesem Zusammenhang für einen „Befreiungskampf" aus, für den man auf die „Rückendeckung verlässlicher Völker", wohl der Westmächte, angewiesen sei.[391] Goerdeler empfahl also die Weiterführung der Weimarer Politik.[392] Nach Hildebrand stellte Goerdeler aber trotz bzw. gerade wegen seiner entschieden anti-polnischen Haltung niemals, etwa mit Hitlers Überlegungen vergleichbar, die Existenz der französischen Großmacht und der sowjetischen Flügelmacht prinzipiell in Frage. Im Grunde lebte er, so Hildebrand, nach wie vor in jener für den betroffenen Staat so bitteren Tradition so genannter „negativer Polenpolitik", die aber gleichzeitig auch die Funktion erfüllen konnte, den Frieden unter den Großmächten zu erhalten und den europäischen Status quo im Großen

---

[389] Hildebrand: Vorstellungen, S. 228f.; sowie Richard Breyer: Karl Goerdeler und die deutsche Ostgrenze, in: Zeitschrift für Ostforschung 13 (1964), S. 198–208, S. 202f.
[390] Zitiert nach Ritter: Widerstandsbewegung, S. 215.
[391] Goerdeler, zitiert nach Hildebrand: Vorstellungen, S. 229.
[392] Schon im August 1934 – bevor er sein Amt als Reichskommissar für Preisüberwachung antrat – kritisierte Goerdeler heftig Hitlers neue Polenpolitik, die im Abschluss des Nichtangriffspaktes vom 26. Januar 1934 ihren Niederschlag fand. Hitler hätte damit die überlieferte Linie deutscher Ostpolitik verlassen und ihre „abrupte Umorientierung" eingeleitet: Anders als die Außenpolitik der Weimarer Republik, die darauf abzielte, zusammen mit der Sowjetunion (und versuchsweise auch zusammen mit Frankreich) anti-polnische Politik zu treiben, habe er sich dafür entschieden, zusammen mit Polen eine anti-sowjetische (und möglicherweise antifranzösische) Politik zu verfolgen. Hitler dachte bei dieser Schwenkung daran, über taktische Motive hinaus, im Zuge seiner Hinwendung zu Polen, Frankreich zu schwächen und zu isolieren, um Manövrierfreiheit für seine letztlich expansionistisch gegen die Sowjetunion gerichtete Außenpolitik zu erhalten. Ebd.

und Ganzen zu garantieren.[393] Für Goerdeler stand ja zu keiner Zeit die Existenz des internationalen Systems prinzipiell zur Diskussion. Bis zum Frankreichfeldzug forderten er und die anderen Honoratioren lediglich eine evolutionäre Änderung. Auch später waren sie in ihren außenpolitischen Konzepten weit davon entfernt, die grundsätzliche Zerstörung des europäischen Staatensystems – eingeschlossen der osteuropäischen Staaten – zu planen.

Vor allem bezüglich ihrer Forderungen an Polen bestanden trotz aller fundamentalen Unterschiede zwischen den ostpolitischen Vorstellungen Hitlers und denen der Honoratioren doch sachliche Gemeinsamkeiten, vor allem da, wie Breyer es ausdrückt, „Goerdeler sich unter keinen Umständen bis zur Preisgabe deutscher Revisionsansprüche gegenüber den Grenzen von Versailles durchringen konnte, so stark auch ein geradezu tragischer Mißklang von ihm empfunden werden mochte, den legitimen Anspruch auf eine Revision der Versailler Ostgrenze durch Hitler erfüllt zu sehen."[394] Im Rahmen ihrer Nachkriegsplanung, in der Deutschland die stärkste und nach Meinung der Honoratioren somit friedensstiftende Stellung in Europa haben sollte, dachten sie zwar daran, Polen und eine tschechische Republik als Nationalstaat wiedererstehen zu lassen, doch hielten sie mit mehr oder minder großen Abweichungen an ihrer Forderung nach der deutschen Ostgrenze von 1914 fest.[395] Außerdem sollten Österreich und das Sudetenland beim Reich belassen werden. Goerdeler begründete diese konstante Haltung auch damit, „im Rahmen des vernünftigen Gleichgewichts" müsse es gestattet sein, dass Deutschland den Vorgängen an seiner

---

[393] Ebd.
[394] Breyer: Ostgrenze, S. 201.
[395] Hildebrand: Vorstellungen, S. 230.

Ostgrenze nach den Erfahrungen in der Geschichte stets ein besonderes Interesse entgegenbringen könne.[396]

Als Ende 1939 klar war, dass Hitlers Pläne für einen Frankreichfeldzug von den Generälen abgelehnt wurden, begann die Gruppe um die Honoratioren wieder mit Staatsstreichvorbereitungen. Dafür wurde von der Aktionsgruppe des Auswärtigen Amtes eine Denkschrift entworfen, in der auch auf Pläne bezüglich der Ostgrenze eingegangen wurde.[397] Als ehrenhaft wurde dort ein Frieden angesehen, „der Polen und die Tschechoslowakei etwa in den Grenzen des Münchner Abkommens wiederherstellen, eine Landbrücke nach Ostpreußen schaffen, das ostoberschlesische Industrierevier dem Reich wieder eingliedern, uns aber nicht mit fremden Volkstum belasten würde". Hier ist nicht von einer generellen Restauration der Grenze von 1914 die Rede, da die ehemalige Provinz Posen unerwähnt blieb. Dagegen übermittelte Goerdeler selbst ebenfalls Ende 1939 von Stockholm aus Friedensvorschläge an England, die auf eine Wiederherstellung der deutschen Ostgrenze von 1914 hinausliefen.[398] Auch in einem Vorschlag Hassells im Februar 1940 an Halifax sollte „im Osten die Grenze etwa wie 1914 verlaufen".[399]

Als sich ab 1943 die Kriegslage für Deutschland dramatisch verschlechterte, waren die Honoratioren gezwungen, territoriale Abstriche an ihren außenpolitischen Konzepten vorzunehmen. Interessanterweise hielten sie aber an der Ostgrenze von 1914 so lange wie möglich fest. In der Denkschrift vom März 1943 ließ Goerdeler zwar Kompromissbereitschaft an der

---

[396] Zitiert nach Ritter: Widerstandsbewegung, S. 217.
[397] Bei der Gruppe handelte es sich um Weizsäcker, Kordt u.a. Die Denkschrift ist nur noch in Bruchstücken erhalten. Ebd., S. 240f.
[398] Ebd., S. 252.
[399] Ebd., S. 255.

Westgrenze erkennen – dort sollte man sich mit den Franzosen auf die Sprachgrenze verständigen –, doch hielt er auch hier an seiner Vorstellung der Grenze von 1914 fest, einschließlich Österreichs und des Sudetenlandes.[400] Von einer veränderten Einstellung zur deutsch-polnischen Grenze, so stellt Breyer fest, sei jedoch auch zu diesem Zeitpunkt nichts zu spüren gewesen. Sie wurde anscheinend weder durch die Landung der amerikanischen Truppen in Nordafrika, noch durch die Niederlage von Stalingrad oder die alliierte Forderung nach einer bedingungslosen Kapitulation beeinflusst.[401] Vielmehr wurde die Polenfrage jetzt Teil des Kalküls, um die Westmächte unter Druck zu setzen, die schließlich für die Existenzsicherung Polens in den Krieg eingetreten waren. Nach allen geschichtlichen Erfahrungen wäre Polen den Annexionsgelüsten Russlands in erster Linie ausgesetzt gewesen, und zwischen Warschau und Moskau hätte lediglich die deutsche Armee gestanden, die als einzige Polen hätte schützen können.[402] Garantiere deshalb eine neue deutsche Regierung die polnische Ostgrenze von 1938, so steht in den Kaltenbrunner-Berichten zu lesen, und erkläre sie sich bereit, diese Grenze mit Waffengewalt zu verteidigen, so müsse die britische Regierung dieses Angebot annehmen, schon weil die polnische Exilregierung einen entsprechenden moralischen Druck ausüben werde.[403] In der oben genannten Denkschrift Goerdelers an die Generalität forderte er dann auch, es müsse gegen Hitler vorgegangen werden, solange

---

[400] Aus der für die Generalität bestimmten Denkschrift vom 26. März 1943. Allerdings ist bei dieser Denkschrift zu bedenken, dass Goerdeler, um die ewig zögernden Generäle zur Mitarbeit zu bewegen, die Lage absichtlich in einem günstigeren Licht darstellte als diese in Wirklichkeit war. So behauptete er, Deutschlands führende Stellung auf dem Kontinent könne noch erarbeitet werden, stellte aber gleichzeitig z.B. fest, dass die Österreicher dem Deutschen Reich innerlich die Gefolgschaft aufgekündigt hätten. Ebd., S. 684 u. S. 587.
[401] Breyer: Ostgrenze, S. 206.
[402] Graml: Vorstellungen, S. 131.
[403] Bericht vom 15.12.1944. Kaltenbrunner-Berichte, S. 525–529.

die Armee in der Lage sei, die polnische Ostgrenze zu halten.[404] In derselben Denkschrift betonte er aber ausdrücklich, die Eingliederung Polens wäre für Deutschland kein Segen, vielmehr müsse das Ziel sein, ein selbstständiges Polen zu schaffen.[405]

Hier spielte in die territorialen Forderungen wieder die antibolschewistische Geisteshaltung hinein. In der schon besprochenen Stockholmer Denkschrift Goerdelers vom Mai 1943 schränkte er seine ursprünglichen Konzepte bereits soweit ein, dass die zukünftige deutsche Grenze gegen Polen „durch Verhandlungen" festgesetzt werden sollte.[406] Auf die einfache Rückkehr zur Grenze von 1914 hatte Goerdeler zum ersten Mal verzichtet. Darüber hinaus werde Deutschland „bei Einigung den Bestand Polens verbürgen" und die Staatsunion Polen-Litauen fördern, damit der polnische Zugang zum Meer gesichert sei.[407] Die deutsche Bürgschaft für die deutsche Ostgrenze von 1938 war ihm einen Waffeneinsatz wert, „denn westlich dieser Grenze muß sich die europäische Interessen- und Kulturgemeinschaft bilden, unter deren Mitgliedern es nie wieder Krieg geben darf".[408]

Der hier angedeutete europäische Ansatz Goerdelers, mit dem er im Laufe des Krieges immer vertrauter wurde, kann vor allem als Folge seines Anti-Bolschewismus gesehen werden, der mit dem unaufhaltsamen Näherrücken der Roten Armee mit der Sorge um die westliche Wertegemeinschaft verbunden wurde, und der ihn seine traditionelle anti-polnische Haltung teilweise überwinden ließ. Diese Haltung wurde aber von allen Hono-

---

[404] Ritter: Widerstandsbewegung, S. 593f.
[405] Ebd., S. 590.
[406] Zitiert nach Ebd., S. 329.
[407] Nach Breyer hatte Goerdeler mit diesem etwas merkwürdigen Föderationsangebot Spekulationen aufgegriffen, die schon in der Revisionspolitik Stresemanns und Curtis' eine Rolle gespielt hatten. Breyer: Ostgrenze, S. 206.
[408] Zitiert nach Ritter: Widerstandsbewegung, S. 329.

ratioren eben nur teilweise überwunden und musste schon aus damaliger Sicht als nicht mehr zeitgemäß erscheinen. Das lange Festhalten an ihrer Ostkonzeption entwickelte sich deshalb im Laufe des Krieges zu einem „verzweifelten Konzept", das die Honoratioren aus der Sicht des westlichen Auslandes an die Seite Hitlers rückte. Denn, wie Hildebrand zu Recht feststellt, für eine schwer leidende Nation wie Polen konnte es wohl kaum glaubhaft sein, einerseits der Machtpolitik im traditionellen Stil zu huldigen und andererseits glaubwürdig zu versichern, dass man mit der Rassenpolitik Hitlers nichts zu tun habe: „Traditionelle Macht- und neuartige Rassenpolitik dürfen in Osteuropa eher wie die beiden zusammengehörigen Seiten einer Medaille empfunden worden sein."[409]

Nach Breyer konnte es nicht ausbleiben, dass die Widerstandskreise um den 20. Juli auch von den polnischen Plänen einer Westausdehnung erfuhren, über die in London schon seit längerem verhandelt wurde.[410] So ist anzunehmen, dass Goerdeler von den Nachrichten über die sich anbahnende Oder-Neiße-Linie natürlich tief erschüttert war und sich aufgrund seiner Grundhaltung weigerte, diese ernst zu nehmen. Er warnte: „Wenn man also hört, daß Polen Ostpreußen und Teile Schlesiens verlangt, [...] dann muß man schwarz in die Zukunft Europas und der weißen Völker sehen."[411] Aus „Vernunftgründen" weigerte sich Goerdeler, diesen Tatbestand zu glauben und änderte seine Grundgedanken, modifiziert durch eine europäische Komponente, nicht mehr nachhaltig – bis sie schließlich zu reinen Illusionen geronnen waren. Letztlich war ihm neben dem machtpolitischen Element nur noch die Notwendigkeit wichtig, Deutschland gegen den dauernden Druck der gewaltigen russischen Macht zu sichern und „den

---

[409] Hildebrand: Vorstellungen, S. 230.
[410] Breyer: Ostgrenze, S. 206.
[411] Goerdeler, zitiert nach ebd., S. 207.

territorialen Bestand Deutschlands, wie er sich durch die Geschichte als sinnvoll und notwendig herausgestellt hat, zu erhalten"[412]. Im Hinblick auf die Versailler Argumente Polens und die polnischen Erfahrungen stellte Goerdeler weiter fest: „Die Zukunft wird solche Verbindungen nicht mehr von militärischen Fragen abhängig machen, denn sie steht und fällt für alle europäischen Völker mit dem dauernden europäischen Frieden." Und versöhnlich fährt er fort: „So ist zu hoffen, daß allmählich nach diesen furchtbaren und leidvollen Erfahrungen auch das Verhältnis zwischen Deutschland und Polen wieder ausgeglichen wird. Jedenfalls werden wir bereit sein, Polen bei der Heilung seiner Wunden und in Zukunft jede nur mögliche Hilfe angedeihen zu lassen."[413]

5.2 Die Kreisauer und der Osten

Das Verhältnis der Kreisauer zum Bolschewismus-Stalinismus war durchgehend von Verachtung und Abscheu gekennzeichnet. Genauso wie die Honoratioren empfanden sie die bolschewistische Ideologie als Bedrohung für ihr christliches Weltbild. Auch sahen sie Hitlerismus und Stalinismus als geistesverwandte Ideologien an, von denen bisher nur Unheil ausgegangen sei. So stellte Trott einmal fest: „Was sich bei uns als schmutzigbraune Brühe darstellt, das tritt uns in Moskau in asiatischer Härte entgegen."[414] Dieser Anti-Bolschewismus führte selbst den völlig unmilitärischen Moltke zu der Erwartung, dass der Russlandfeldzug zum Zusammenbruch der Sowjetunion führen könne. Diese Meinung nahm er aber

---

[412] Ritter: Widerstandsbewegung, S. 590.
[413] Ebd., S. 592f.
[414] Trott in einem Gespräch mit Helmut Conrad im Februar oder März 1944. Zitiert nach Trott zu Solz: Lebensbeschreibung, S. 177.

schon bald als unrichtig zurück und schrieb dann doch, die Lage scharf erkennend, einschränkend an seine Frau:

> „Es ist ein unübersehbares Abenteuer und es reut mich sehr, daß ich es im Innern meines Herzens gebilligt habe. Ich habe, durch Vorurteile verführt, geglaubt, Rußland würde von innen zusammenbrechen und wir könnten dann in dem Gebiet eine Ordnung schaffen, die uns ungefährlich sein würde [...] Wir haben etwas Schreckliches angerührt und es wird viele Opfer kosten und sicher gute Leute."[415]

Doch hüteten sich die Kreisauer davor, in Feindbildvorstellungen und Phobien gegenüber der Sowjetunion und dem russischen Volk zu verfallen, um nicht Wege friedlicher Zusammenarbeit von vornherein zu verstellen und auf gar keinen Fall Regime und Volk zu identifizieren. Sie hatten ja aus eigener Erfahrung bei den Westmächten die Nachteile einer solchen pauschalen Einstellung feststellen müssen. Außerdem bewunderten die Kreisauer das russische Volk und die russische Kultur, und bei einigen bestand sogar die utopische Hoffnung, dass, wie in Deutschland während des Krieges, in Russland eine religiöse Wandlung eintreten werde.[416]

Die Vorstellungen Hassells von der „Mittellage" Deutschlands wurden von Trott geteilt. Auch sein Denken kreiste um das „Zentrum" Deutschland und die deutsche Position im politischen Spiel der Welt.[417] Ähnlich wie Hassell glaubte Trott, dass Deutschland in seiner Mittellage genötigt sei, mit seinen Nachbarn sowohl im Westen wie im Osten ein gutes Verhältnis zu unterhalten, was seiner Meinung nach dem Konzept einer europäischen

---

[415] Brief Moltkes vom 16.7.1941. Zitiert nach: Moltke: Briefe, S. 270.
[416] Diese Hoffnung meint Roon jedenfalls aus Briefen Hans-Bernd von Haeftens herauslesen zu können. Roon: Neuordnung, S. 461, Anm. 93. Im sog. „Schönfeld Memorandum" vom Mai 1942 wird auch die Möglichkeit angesprochen: „They [Kreisauer Kreis] would regard the building up of an Orthodox Russian Church by the renewal of Christian faith Russia as a real common basis which could further more than anything else the cooperation between Russia and the European Federation." Schönfeld Memorandum abgedruckt bei Rothfels: Memoranden, S. 395–397, S. 397.
[417] Aussagen Trotts, überliefert von Eduard Waetjens, Ebd., S. 462 u. Anm. 95.

Föderation nicht widersprach, solange die Gefahr des Stalinismus gegeben war. Trott versuchte ebenso wie die Honoratioren, das Mittellagekonzept bei den Westalliierten zugunsten Deutschlands auszuspielen. Doch drohte er nicht wie diese mit einem Sonderfrieden im Osten, sondern er befürchtete ein Überlaufen der deutschen Arbeiterschaft zum Kommunismus.[418] Hierbei hatte Trott aber sicherlich die Wirkung der russischen Propaganda nicht nur überschätzt, sondern war von ihr auch beeinflusst worden. Auch als er schon im April 1944 in der Schweiz mit Gaevernitz, dem Verbindungsmann zu Allen W. Welles vom OSS, sprach und die bolschewistische Gefahr in grellen Farben beschrieb, hatte Trott keineswegs, wie Gisevius meint,[419] eine „Ostlösung" der deutschen Widerstandsbewegung angekündigt, sondern offensichtlich nur den Linksruck innerhalb des Widerstandes, der einer „Ostlösung" gerade vorbeugen wollte, verständlich machen wollen.[420] Zutreffend ist sicherlich auch Roons Interpretation, Trott habe die sehr deutliche Westorientierung Moltkes im deutschen Interesse gelegentlich durch die Betonung der zentraleuropäischen Lage Deutschlands und der Bedeutung der Sowjetunion ausbalancieren wollen.[421] Auf jeden Fall hat Trott ebenso wie Hassell noch im Jahr 1944 eine Denkschrift mit dem Titel „Deutschland zwischen Ost und West" verfasst, die zwar nicht erhalten blieb,[422] in der er aber vermutlich ähnliche Gedanken geäußert hat.

Auch in den ostpolitischen Vorstellungen spielten natürlich die Überzeugung von der Niederlage Deutschlands und der Plan einer europäischen Föderation eine entscheidende Rolle. Zwar sollte Russland nicht in den eu-

---

[418] Diese Gefahr deutete Trott schon 1939 in dem für das State Department bestimmten Memorandum an. Rothfels: State Department, S. 325. Dazu außerdem Ritter, S. 377, der Trott jedoch als „Sozialisten" bezeichnet.
[419] Gisevius: Ende, S. 290f.
[420] Graml: Vorstellungen, S. 136.
[421] Roon: Neuordnung, S. 462.
[422] Siehe dazu Trott zu Solz: Lebensbeschreibung, S. 192f.

ropäischen Staatenbund aufgenommen werden,[423] aber da Russland voraussichtlich auch nach dem Krieg noch eine wichtige Stellung einnehmen würde, wurde im Kreisauer Kreis die Nachkriegszusammenarbeit mit Russland betont. Im „Schönfeld Memorandum" von 1942 wurde die Hoffnung ausgedrückt, in Zukunft friedlich mit Russland zu kooperieren, „besonders auf wirtschaftlichem und kulturellem Gebiet".[424] Die Kreisauer waren jedenfalls der Ansicht, dass nach einer neuen Form der Zusammenarbeit gesucht und die traditionellen Vorstellungswelten von „Erzfeinden", die eine friedliche Zusammenarbeit von vornherein unmöglich machten, vermieden werden müsse.[425] Diese Überwindung eingefahrener Vorurteile und Traditionen, die die Honoratioren nur zum Teil schaffen sollten, verdankten die Kreisauer sicherlich nicht nur ihrer christlicher Grundeinstellung, sondern auch dem Einfluss der dem Kreis zugehörigen Sozialdemokraten.[426]

Auch bei der Betrachtung der territorialen ostpolitischen Vorstellungen der Kreisauer muss man sich immer wieder vor Augen führen, dass es für ihre Idee eines in Selbstverwaltungskörperschaften übernational eingerichteten Europa gar nicht von erstrangigem Interesse war, wie Hildebrand sich ausdrückt, „en détail territoriale Probleme zu präzisieren".[427] Doch gab es natürlich auch im Kreisauer Kreis Überlegungen zum zukünftigen Ver-

---

[423] Diese Übereinstimmung manifestierte sich schon in Moltkes erster größerer außenpolitischen Denkschrift „Ausgabenlage, Ziele und Aufgaben", zweite Fassung, Lipgens: Europa-Förderationspläne, S. 118.
[424] Zitiert nach Rothfels: Memoranden, S. 397.
[425] So die Meinung Theodor Steltzers. Zitiert nach Roon: Neuordnung, S. 461.
[426] So hatte auch Theodor Haubach bereits 1919 die Revision von Versailles bezüglich Polens abgelehnt. Ziel dürfe nicht das neuerliche Verschieben von Grenzen sein, sondern eine aufrichtige Verständigung zwischen Deutschland, Polen und den anderen europäischen Staaten. Dann werde auch eine Verbindung durch den Korridor kein Problem mehr sein. Vor allem sei aber für die Sozialisten neben der deutsch-französischen vor allem die deutsch-polnische Verständigung das Fundament für das künftige Europa. Graml: Vorstellungen, S. 118. Siehe auch Theodor Haubach: Revision der Friedensverträge? Grundlagen einer sozialistischen Europapolitik, in: Neue Blätter für den Sozialismus 2 (1931), S. 549–560. Auch Adolf Reichwein und Julius Leber haben schon früh Gedanken in diese Richtung vertreten. Graml: Vorstellungen, ebd.
[427] Hildebrand: Vorstellungen, S. 227.

hältnis zu den osteuropäischen Staaten. Hierbei muss nochmals betont werden, dass es sich bei den Kreisauern nicht um eine weltanschaulich-homogene Gruppe handelte. Es gab trotz des gemeinsamen Grundbekenntnisses zur europäischen Föderation viele verschiedene Ansätze, die nebeneinander existierten und sich teilweise gegenseitig durchdrangen. Als deren Urheber seien nur Helmuth von Moltke und Adam von Trott als Beispiele genannt. So betonte Trott in einer für die Westalliierten bestimmten Denkschrift von 1942 zwar die Notwendigkeit einer Wiederaufrichtung des Rechts der Selbstbestimmung aller, besonders der im Augenblick unter NS-Herrschaft stehenden, Nationen im Rahmen einer europäischen Föderation. Aber Polen und die Tschechoslowakei sollten nicht die Grenzen von vor Kriegsbeginn zurückerhalten, sondern „innerlich ihrer ethnographischen Grenzen" wiederhergestellt werden.[428] Im Herbst 1939 hatte er noch die deutsche Grenze von 1933 als befriedigend angesehen.[429]

Eine anti-polnische Einstellung, wie sie Goerdeler aus der Weimarer Republik übernommen hatte, ist bei den Kreisauern nicht festzustellen. Im Gegenteil – den Beziehungen Deutschlands zu Polen wurde eine Vorrangstellung zugestanden. Paulus van Husen hatte schon 1930 über Polen geschrieben: „Das Bestehen Polens und gute Beziehungen zwischen ihm und Deutschland sind eine europäische Notwendigkeit."[430] Dieser Satz blieb für die Gedankenbildung der Kreisauer verpflichtend.

Eine große Rolle hinsichtlich der Kreisauer Einstellung gegenüber Osteuropa spielten die dort von Deutschland begangenen Verbrechen, über

---

[428] Denkschrift Trotts von Ende April abgedruckt bei Rothfels: Memoranden, S. 394. (Deutsche Übersetzung von der Verfasserin).
[429] Siehe das für das State Department bestimmte Memorandum Trotts. Rothfels: State Department, S. 327.
[430] Zitiert nach Roon: Neuordnung, S. 458.

die die Kreisauer schon zu einem sehr frühen Zeitpunkt informiert waren. Insbesondere Moltke als Angehöriger der völkerrechtlichen Gruppe der Abteilung Ausland war über die nationalsozialistischen Verbrechen in den besetzten Gebieten gut unterrichtet.[431] Nach diesen Ereignissen wurde den Kreisauern klar, dass Deutschland in Polen vieles wieder gut zu machen hatte, und Moltke betrachtete das Konzept der „Wiedergutmachung" gegenüber Polen als festen Bestandteil seiner Nachkriegsplanung. Die radikalsten Konsequenzen aus dieser Erkenntnis zogen Julius Leber und Moltke. Ersterer beurteilte bei einer Besprechung führender Repräsentanten des deutschen Widerstandes im Juni 1944 die Forderung der Honoratioren nach der Grenze als unrealistisch und hielt demgegenüber einen „Verzicht auf Ost-Preußen, Elsaß-Lothringen, den Sudetengau usw." für angebracht.[432] Moltke hatte schon in den dreißiger Jahren geschrieben, dass seine Heimat Schlesien im nächsten Krieg mit Sicherheit an Polen oder die Tschechoslowakei verloren gehen werde[433], eine Tatsache, die er ohne Bitterkeit zu akzeptieren schien. Selbst Trott erkannte schließlich, dass Österreich und sogar Ostpreußen für Deutschland verloren waren.[434]

Außer Frage stand schließlich für alle Kreisauer, dass die von Hitler eroberten Gebiete weder in Besitz behalten werden konnten noch durften. Gerade angesichts der alle bisherigen Maßstäbe brechenden Verbrechen der Nationalsozialisten formte sich bei den Kreisauern die Überzeugung, ihr Widerstand sei auch und vor allem ein „Akt der Buße", wie der Bischof

---

[431] Dazu Ger van Roon: Graf Moltke als Völkerrechtler im OKW, in: VZG 18 (1970), S. 12–61. Auch in den Briefen an seine Frau deutete Moltke sein Wissen immer wieder an, z.B. in den Briefen vom 13.12.39, 26.8.41, 21.10.41. Am 10.10.41 erhielt Moltke Informationen zur Existenz der Vernichtungslager. Alle Briefe editiert in: Moltke: Briefe.
[432] Leber, zitiert nach Hildebrand: Vorstellungen, S. 227f.
[433] Roon: Neuordnung, S. 457.
[434] Graml: Vorstellungen, S. 136.

von Chichester etwa Dietrich Bonhoeffer zitierte.[435] Damit soll nicht gesagt werden, dass ihre ostpolitischen Vorstellungen rein symbolischen Charakter hatten und somit vollkommen unrealistisch gewesen wären. Vielmehr wurden sie im Lauf des Krieges immer mehr in der Notwendigkeit bestärkt, die Nachkriegsordnung müsse radikal mit der traditionellen europäischen Macht- und Gleichgewichtspolitik brechen. Dabei war für sie das friedliche Zusammenleben der Völker, auch und gerade wenn verschiedene Völker in einem Staat lebten, maßgeblich. Der Minderheitenproblematik Osteuropas wurde von den Kreisauern große Bedeutung beigemessen. In seinen „Bemerkungen zum Friedensprogramm der amerikanischen Kirchen" wies Trott ausdrücklich darauf hin, dass die Forderung der kulturellen Autonomie in den „völkisch gemischten Siedlungsgebieten Europas" mit dem Ziel einer europäischen Zusammenarbeit erfüllt werden müsse, damit „eines [der] für die europäische Friedenssicherung vitalsten Probleme" gelöst werden könne.[436] Da sich die europäischen Staaten zu einem Bundesstaat zusammenschließen würden, musste die Frage nach territorialer Zugehörigkeit der einzelnen Volksgruppen sekundär werden. Von dieser eher gesellschaftspolitischen Warte aus ließen sich territoriale Einbußen leichter verschmerzen, da das Zusammenleben der Europäer nicht mehr von der Existenz von Grenzen bestimmt werden würde. Natürlich konnten sie nicht ahnen, wie radikal zumindest das deutsche Minderheitenproblem in Osteuropa nach dem Krieg gelöst werden würde: nämlich durch Flucht und Vertreibung.

---

[435] George K.A. Bell: Die Ökumene und die deutsche Opposition, in: VZG 5 (1957), S. 362–378.
[436] Denkschrift Trotts. Zitiert nach Roon: Neuordnung, S. 580f.

Doch das mit den militärischen Erfolgen der Roten Armee immer bedrohlicher werdende Problem der „Bolschewisierung" Europas bewog die Kreisauer zu drastischen Schritten und Zugeständnissen. In dem schon erwähnten „Herman-Dossier" akzeptierte Moltke nicht nur das „unconditional surrender" – diesen Schritt hatte er schon lange getan –, sondern er schlug auch eine „militärische Kooperation größten Stils" mit den westlichen Alliierten vor.[437] Falls die Alliierten in der Lage sein würden, in Frankreich zu landen und mit einer großen, in einem Zuge ablaufenden Operation bis Deutschland durchzustoßen und Deutschland zu besetzen, sobald sowjetische Truppen etwa die Linie Tilsit-Lemberg erreicht hätten, sei die Gruppe willens – vorausgesetzt, dass die Ostfront gehalten werden könne –, eine solche Operation mit allen Mitteln, so z.B. durch entsprechendes Verhalten größerer deutscher Truppenteile,[438] zu unterstützen. Moltke war sich sicher, vor dem deutschen Volk diese Kooperation als „kühne patriotische Tat" rechtfertigen zu können, vergleichbar der Tauroggener Konvention des Generals York. Dieser Plan stellte, wie Graml treffend ausdrückt, einen verzweifelten „Rettungsversuch" dar, und Moltke forderte darin von Engländern und Amerikanern eine ähnliche Politik gegenüber Moskau, wie es auch die Honoratioren taten. Moltke erklärte seine Beweggründe folgendermaßen:

> „Die Gruppe, der Persönlichkeiten der verschiedenen demokratischen Parteirichtungen angehören, hält eine kommunistisch-bolschewistische Entwicklung Deutschlands und die Entstehung eines deutschen Nationalbolschewismus für die schwerste und bedrohlichste Zukunftsgefahr für Deutschland und Europa,

---

[437] „Herman-Dossier" vom Dezember 1943. Zitiert nach ebd., S. 584.
[438] Ebd.

der deshalb mit allen Mitteln entgegengearbeitet werden muß. Daher muß vor allem unbedingt verhindert werden, daß der Krieg durch einen Sieg der Roten Armee entschieden wird und die Russen vor den Alliierten Deutschland besetzen."[439]

Moltke hatte jeden Anspruch auf deutsche Eigenstaatlichkeit geopfert, um Deutschland vor einer konkret empfundenen Gefahr zu retten. Abgesehen von seiner militärischen Undurchführbarkeit offenbarte der Plan, dass die Kreisauer sich in ihren ostpolitischen, den territorialen Bereich betreffenden, Vorstellungen deutlich von den Honoratioren absetzten, hinsichtlich ihres Antikommunismus sich diesen aber wieder annäherten. Den Plan einer „Ostlösung", der in der Forschung immer wieder heftig diskutiert wurde,[440] hatten die Widerstandsgruppen im Umkreis des 20. Juli niemals ernsthaft in Erwägung gezogen. Das Gefühl der Verbundenheit mit dem Westen war echt, erst recht vor dem Hintergrund der sowjetischen Bedrohung, und die Erwartung an die westlichen Alliierten nach deren Sieg wird von dem wie immer scharf blickenden Moltke folgendermaßen ausgedrückt: „Sofern es dem Besiegten gelingt, den Sieger von seiner Verantwortung zu überzeugen, was ich für möglich halte, kann des Siegers Beispiel den Anstoß zu einer schnellen Entwicklung auf die aufgestellten Ziele hin geben."[441] Nachdem aber klar war, dass die Westmächte außer zum Zweck der Informationsgewinnung keine weitere Zusammenarbeit mit dem Widerstand anstrebten, beschlossen die einzelnen Gruppen, „nach allen

---

[439] Ebd., S. 585.
[440] Dazu Hoffmann: Widerstand, der auch die Ergebnisse der älteren Forschung zu diesem Thema zusammenfasst, S. 290–293. Außerdem Graml: Vorstellungen, S. 132f.; Hildebrand, S. 215.
[441] Zitiert aus Moltkes Denkschrift „Ausgangslage, Ziele und Aufgaben", erste Fassung. Ebd., S. 511.

Seiten"[442] Verhandlungen aufzunehmen, falls der Staatsstreich gelingen sollte.[443]

---

[442] Hoffmann: Widerstand, S. 293.
[443] Deutsche Friedensfühler zu den Alliierten, West wie Ost, gab es während des gesamten Krieges. Nicht nur von Gegnern Hitlers, sondern auch aus den Reihen der Nationalsozialisten selbst. Martin vertritt deshalb die Meinung, dass nur im Osten die realistischen Aussicht auf einen Separatfrieden bestanden hätte, die Gruppe um den 20. Juli dies aber nicht erkannt und somit dieses vielversprechende Feld Himmler und seinen Schergen überlassen habe. Martin: Versagen, S. 1053 f. Da die Problematik der Friedensfühler jedoch nicht unmittelbar zum Thema dieser Arbeit gehört, sei hier lediglich auf weiterführende Literatur hingewiesen: Einen Überblick über Friedensfühler aus russischer Sicht bietet Vojtech Mastny: Stalin and the Prospects of a Separate Peace in World War II, in: American Historical Review 77, 4–5 (1972), S. 1364–1388. Eine umfassende Untersuchung zu den deutschen Friedensfühlern nach Moskau und zu den Sondierungen Trotts mit den Sowjets in Stockholm 1943 bei Ingeborg Fleischhauer: Die Chance des Sonderfriedens: Deutsch-Sowjetische Geheimgespräche 1941–1945, Berlin 1986, im Zusammenhang mit dieser Arbeit besonders Kapitel 4: „Vom Teheran zum 20. Juli 1944", S. 221–254.

6. Die Auseinandersetzungen zwischen Kreisauern und Honoratioren – Eine Synthese der außenpolitischen Vorstellungen?

6.1 Honoratioren und Kreisauer – ein schwieriges Verhältnis

Das Verhältnis zwischen dem Kreisauer Kreis und der Gruppe um Goerdeler darzustellen, ist keine leichte Aufgabe. An sich lag eine Zusammenarbeit der beiden Gruppen nahe. Während zu Beginn der aktiven Widerstandszeit die Gruppe um Goerdeler das einzige überparteiliche Zentrum des zivilen Widerstandes bildete, entwickelte sich in den folgenden Jahren ein weiterer Freundeskreis, der später als Kreisauer Kreis bekannt wurde. Doch bestanden zwischen den nationalkonservativen Honoratioren – Moltke nannte sie auch ironisch „Exzellenzen" – und den christlich-sozial eingestellten Kreisauern nicht nur bezüglich der außenpolitischen Fragen große Unterschiede. Kontakt zwischen den Gruppen gab es schon immer, oft über familiäre Beziehungen. Auch da jeder aktive Widerständler nicht nur als Angehöriger einer Gruppe – hier darf nicht vergessen werden, dass es sich dabei um Freundeskreise und Interessengemeinschaften handelte, die keinerlei „Parteidisziplin" unterlagen – sondern schon vorher als Individuum am Netz der Anti-Hitler-Koalition hatte weiterspinnen wollen.

Wie sind diese Unterschiede zu erklären und warum fiel es den beiden Gruppen so schwer, sie zu überwinden? Als Hauptgrund für diese Differenzen wird in der Forschung der offensichtliche Generationenkonflikt zwischen den beiden Gruppen genannt.[444] Während die Gruppe um Goerdeler den Jahrgängen 1880 bis 1884 angehörte, waren die anderen rund zwanzig Jahre jünger. Die Gruppe der „Jungen" hatte weder das Kaiserreich noch den Ersten Weltkrieg als Erwachsene miterlebt, und es fehlte ihnen auch die Erfahrung in einer verantwortlichen Spitzenposition, obwohl sie schon auf vielen Gebieten erhebliche Lebens-, Verwaltungs- und politische Erfahrungen gesammelt hatten.[445] Doch wie schon aus den dargelegten außenpolitischen Vorstellungen der beiden Gruppen zu ersehen ist, waren Differenzen zwischen ihnen unvermeidbar. Außerdem gehörten nicht alle Kreisauer jüngeren Jahrgängen an, man denke nur an Steltzer, Lukaschek, Peters und Gablentz. Paul van Husen erklärte den Generationenkonflikt auch nicht so sehr mit Lebensjahren, sondern mit der politischen Überzeugung: „[...] auf der einen Seite standen die Konservativen, in den alten Bahnen Wandelnden, auf der anderen Seite die Jungen, die neue Wege suchten und auf ihnen fortschreiten wollten."[446]

Die Kritik der Kreisauer an den Honoratioren verdichtete sich in der Person Carl Goerdelers, ohne Zweifel eine der führenden Persönlichkeiten bei den Honoratioren und im deutschen Widerstand insgesamt. Über Person und Charakter Goerdelers ist von jeher gestritten worden. Was die Kreisauer jedoch am meisten an ihm bemängelten, war zum einen seine unvorsichtige Arbeitsweise, wegen der sich die sehr verschwiegen operie-

---

[444] Zu diesem Themenkomplex für die Gruppe Goerdeler/Beck und die Kreisauer in der neueren Forschung besonders aufschlussreich: Detlef Graf von Schwerin: Der Weg der ‚Jungen Generation' in den Widerstand, in: Schmädeke, Steinbach: Widerstand, S. 460–472. Außerdem verarbeitete Schwerin seine Thesen in zwei fast identischen Büchern über den Freundeskreis seines Vaters Ulrich-Wilhelm Graf von Schwerin, der dem Kreisauer Kreis nahe stand. Ders.: Die Jungen des 20. Juli 1944, Berlin 1990 u. Ders.: Dann sind's die besten Köpfe, die man henkt, München 1991. Mit den Generationenkonflikt im deutschen Offizierskorps befasste sich Wolfgang Schieder: Zwei Generationen im militärischen Widerstand gegen Hitler, in: Schmädeke, Steinbach: Widerstand, S. 436–459.
[445] Schwerin: Weg, S. 461.
[446] Husen, zitiert nach ebd.

renden Kreisauer schon aus Sicherheitsgründen von ihm distanzierten.[447] Zum anderen kritisierten sie Goerdelers „reaktionäre" Auffassungen. Sie warfen Goerdeler vor, den ungeheuren Bruch, den der Erste Weltkrieg mit sich gebracht hatte, nicht nachvollziehen zu können. Sie wussten, dass die Welt sich total verändert hatte, und viele seiner Ansichten, nicht nur in außenpolitischer Hinsicht, erschienen ihnen als etwas Vergangenes.[448] Die Kreisauer, so Roon, wussten, dass sie sich fortentwickeln mussten und dass dabei auf allen Seiten viele Vorurteile und Klischees fallen gelassen werden mussten. Den Kreisauern genügte es nicht, lediglich den Rechtsstaat wiederherzustellen, sie wollten eine innere und, wie schon dargelegt, äußere „Neuordnung".[449]

Trotz dieser Gegensätze[450] haben mehrere Personen im Interesse der gemeinsamen Sache versucht, die beiden Kreise in Verbindung zu bringen. Schließlich einigte man sich auf eine Aussprache, die am 8. Januar 1943 in Yorks Wohnung stattfand. Schriftliche Äußerungen dazu sind uns von Moltke und Hassell überliefert. Hassell notierte zu dem Treffen in seinem Tagebuch über den Gesprächsverlauf: „Scharfer, von Goerdeler bewußt, aber erfolglos verschleierter Gegensatz zwischen diesem und den Jungen vor allem auf sozialem Gebiet."[451] Moltke kritisierte in einem Brief an seine Frau, jeder Versuch, auf die Grundsätze vorzustoßen wurde „von der

---

[447] Siehe Roon zu konkreten Beispielen für Goerdelers Unvorsichtigkeit. Roon: Neuordnung, S. 268f.
[448] Wie etwa Goerdelers ernsthafte Erwägung, die Monarchie wieder einzuführen.
[449] Roon: Neuordnung, S. 269.
[450] York bezeichnete Goerdeler im Gespräch mit einer Bekannten als „Erzreaktionär", während Goerdeler umgekehrt bei ähnlicher Gelegenheit von den Kreisauern als „Salonbolschewiken" sprach. Ebd., S. 270 u. Anm. 34. Die Spannungen spiegeln sich selbst noch in den Kaltenbrunner-Berichten wieder, in denen berichtet wird, Moltke habe angeblich Goerdeler für einen „Dilettanten" gehalten. Bericht vom 25.8.1944, Kaltenbrunner-Berichte, S. 300.
[451] Eintragung vom 22.1.1943, Hassell-Tagebücher, S. 347.

anderen Seite ins Leichte, Verbindliche umgebogen".[452] Schließlich sorgte er für den Eklat des Abends, indem er Goerdelers Plan, nach dem Umsturz selbst an die Spitze der Regierung zu treten, als „Kerenski-Lösung" bezeichnete: „Einen langen im Köcher behaltenen Giftpfeil [...] der auch tüchtig und sichtbar saß."[453] Viele Gegensätze wurden nicht überwunden. Doch zeigten sich alle einig in dem Wunsch, den Staatsstreich so schnell wie möglich herbeizuführen, sodass es nun regelmäßige Kontakte gab.[454]

6.2 Haben sich Kreisauer und Honoratioren in ihren außenpolitischen Vorstellungen gegenseitig beeinflusst?

Im folgenden Kapitel soll deshalb untersucht werden, in welchen Bereichen die Zusammenarbeit zwischen den Gruppen – diese dürfte vor allem im Abhalten von Diskussionsrunden bestanden haben[455] – zu Modifizierungen bestimmter außenpolitischer Vorstellungen führte. Für die Untersuchung dieser Frage bietet sich die Person Carl Goerdelers an, der sich in seinen außenpolitischen Vorstellungen von allen Honoratioren am Nachhaltigsten weiterentwickelte. Wenn man die Urteile der Kreisauer und anderer Widerständler über Goerdeler betrachtet, überrascht diese Tatsache, hatte doch gerade dieser seit den dreißiger Jahren an seinen außenpolitischen Vorstel-

---

[452] Brief vom 9.1.1943, Moltke: Briefe, S. 450f.
[453] Ebd.
[454] Reibungen und Auseinandersetzungen – politischer und persönlicher Art – gab es im Widerstand bis zum Ende. Neben der besagten Aussprache zwischen Kreisauern und Honoratioren dürfte die Auseinandersetzung zwischen Hassell und Ernst Frhr. v. Weizsäcker am 29.4.1942, nach der sich Weizsäcker aus der aktiven Widerstandsarbeit zurückzog, am bekanntesten sein. Eintragung von ca. Anfang August 1942, Hassell-Tagebücher, S. 316f. Den Hassell-Tagebüchern ist auch zu entnehmen, dass aufgrund des immer weiter hinausgeschobenen Attentats und der angespannten innen- und außenpolitischen Situation es immer wieder zu Misstrauen und Streit innerhalb der Opposition kam. Hassel schrieb einmal resigniert: „So steht immer einer gegen den anderen." Eintragung vom 6.3.1943. Ebd., S. 350.
[455] Eintragung Hassells vom 14.2.1943, S. 350f. Vor allem Trott und Eugen Gerstenmaier pflegten engeren Kontakt mit Goerdeler. Hassell berichtete immer wieder von Gesprächen.

lungen unverändert festgehalten. Doch seit 1943 weisen Goerdelers Denkschriften zunehmend Tendenzen auf, die weg von den Kategorien überlieferter Machtpolitik hin zu einem europäischen Bundesstaat führten. Diese Tatsache legt nahe, Einflüsse der Kreisauer auf Goerdelers außenpolitische Vorstellungen zu vermuten.

In der Forschung wurde der Frage nach Zusammenarbeit und gegenseitigem Gedankenaustausch zwischen den beiden Widerstandsgruppierungen bisher keine intensivere Aufmerksamkeit gewidmet. Dies mag zum einen daran liegen, dass zwischen einzelnen Angehörigen beider Gruppen schon vor der „offiziellen" Kontaktaufnahme vom 8. Januar 1943 ein Gedankenaustausch stattgefunden hatte. Zum anderen ist über den Inhalt der allermeisten Diskussionen, bei denen aus Sicherheitsgründen keine Notizen angefertigt wurden, nichts oder wenig bekannt, da die Beteiligten nach dem 20. Juli hingerichtet wurden. Deshalb lässt sich nicht konkret nachweisen, wann und wie solche Gespräche zu Veränderungen in den Ansichten des Gegenübers führten. Fest steht jedenfalls, dass Trott regelmäßige Aussprachen mit den Honoratioren hatte, während Moltke Kontakte eher zu meiden schien. Als Hauptquelle sind in dieser Hinsicht die Hassell-Tagebücher und die Briefe Moltkes heranzuziehen. Hassell erwähnte immer wieder Gespräche mit Trott, mit dem er sich schon seit 1941 regelmäßig traf.[456]

Roon begnügt sich nach dem Hinweis auf das Scheitern der ersten Aussprache mit der Feststellung, dass die Gegensätze auch in Zukunft nicht

---

[456] Erwähnung Trotts erstmals am 18.5.1941. Ebd., S. 253. Beschreibung eines Gesprächs mit Moltke, Trott, York und Schulenburg vom 21.12.1941: „Zuerst hatte ich ein langes Gespräch mit Trott, bei dem er leidenschaftlich dafür focht, nach innen und nach außen jeden Anstrich von ‚Reaktion', ‚Herrenclub', Militarismus zu vermeiden [...]". Ebd., S. 289. Dazu auch Balfour, Frisby, Moltke: Moltke, S. 204–208. Moltke scheint nach der Januar-Aussprache weitere Kontakte zu Goerdeler gemieden zu haben. Siehe Brief vom 26. Januar 1943, in dem von einer „intransigenten Linie" gegenüber den Honoratioren gesprochen wird. Moltke: Briefe, S. 456f.

überbrückt werden könnten.[457] Auch Hildebrand geht nicht auf eine Veränderung der außenpolitischen Ansätze Goerdelers durch Kontakte mit den Kreisauern ein, sondern analysiert die Konzepte von Kreisauern und Honoratioren jeweils für sich, wobei er die Vorstellungen der letzteren lediglich mit Hitlers Außenpolitik vergleicht.[458] Einzig Graml vertritt die These von einer „Synthese" der Vorstellungen von Kreisauern und Honoratioren, die vor allem bei Goerdeler eine Abkehr von früheren Vorstellungen bewirkt habe.[459] Der These Gramls ist insoweit zuzustimmen, dass es zweifellos gegenseitige Beeinflussungen gegeben hat, die auch im Folgenden näher betrachtet werden sollen. Doch soll dabei auch nachgewiesen werden, dass dies nicht der einzige Grund für Goerdelers Wandlung gewesen sein kann.

Goerdelers außenpolitische Konzepte bestanden aus drei Komponenten: einer machtpolitischen, einer ökonomischen und einer moralischen. Diese sollen auch als Kriterien benutzt werden, um mögliche Einflüsse auszumachen. Als Quellen, an denen diese Analyse durchgeführt werden soll, werden Goerdelers Denkschriften und Aufzeichnungen aus den Jahren 1943 und 1944 herangezogen.[460] Auf Kreisauer Seite wird hauptsächlich auf das Protokoll der „Dritten Kreisauer Tagung" vom Juni 1943 zurückgegriffen.[461]

---

[457] Roon: Neuordnung, S. 270f.
[458] Hildebrand: Vorstellungen, besonders S. 215f., S. 220–222, S. 232.
[459] Graml: Vorstellungen, S. 127f.
[460] Dabei handelt es sich um folgende Dokumente: Um eine für die Generalität bestimmte geheime Denkschrift vom März 1943 (Ritter: Widerstandsbewegung, S. 577–595); um einen Friedensplan Goerdelers vom Herbst 1943 (Ritter: Widerstandsbewegung, S. 570–576); um die Denkschrift Praktische Maßnahmen zur Umgestaltung Europas von Anfang 1944, (Lipgens: Europa-Föderationspläne, S. 166 f.); um die Denkschrift „Der Weg" vom Mai 1944 (Schramm: Gemeinschaftsdokumente, S. 167–232); um die Notizen Goerdelers, die er während seiner Flucht zwischen 1. u. 8. 1944 August anfertigte: Die Aufgabe deutscher Zukunft (Lipgens: Europa-Föderationspläne, S. 171f.).
[461] Die Tagung fand von 12. bis 14 Juni 1943 in Kreisau statt. Protokoll abgedruckt bei Bleistein: Dossier, S. 239–300.

Auf die machtpolitischen Traditionen in Goerdelers außenpolitischen Vorstellungen, die Idee vom Reich als einer europäischen Ordnungsmacht und das Festhalten am Nationalstaatsgedanken wurde schon ausführlich eingegangen. Dabei war er sich des Gedankens der „europäischen Gemeinschaft" und der Notwendigkeit eines einheitlichen politischen Handelns bewusst. Ein Vorbild für das zukünftige Europa sah er im britischen Empire. Dabei beurteilte er den Wandel des Empire zum Commonwealth noch 1941 als Stärkung der britischen Macht und sah ihn als vorbildlich an für die kontinentale Zukunft, in der Deutschland eine ähnliche Rolle als „Mittelpunkt" einer Staatengemeinschaft einnehmen sollte.[462] Auch die Kreisauer bewunderten den Commonwealth, nicht jedoch aus der machtpolitischen Perspektive, sondern weil sie eine ähnliche Verständigung wie dort mit den anderen europäischen Völkern anstrebten.[463] Trotz dieses unterschiedlichen Ansatzes kamen Goerdeler und die Kreisauer zu dem Ergebnis, dass Europa sich unter anderem auch deshalb einigen müsse, um sich gegen militärische Bedrohungen und wirtschaftliche Konkurrenz „von außen" zu schützen. Goerdeler schrieb in diesem Zusammenhang: „Die großen neuen Weltgebilde Amerika, Rußland, das britische Empire zwingen dazu, endgültig die Grenzen in Europa niederzureißen und ein ebenbürtiges Gebilde zu schaffen."[464] Die Kreisauer stellten fest, dass die „geschichtlichen Entwicklungstendenzen" auf eine großräumige Zusammenfassung der Einzelvölker hinauslaufe.[465] Das Betreiben einer „Weltpolitik" des zukünftigen europäischen Bundes wurde vor allem mit dem Argument der Roh-

---

[462] Schramm: Gemeinschaftsdokumente, S. 90f.
[463] Dies gilt insbesondere für Trott und Moltke. Roon: Neuordnung, S. 296f.
[464] Goerdeler, Denkschrift von Anfang 1944, Praktische Maßnahmen zur Umgestaltung Europas. Lipgens: Europa-Föderationspläne, S. 166.
[465] Protokoll der 3. Kreisauer Tagung vom 12. bis 14. Juni 1943. Bleistein: Dossier, S. 268.

stoffverteilung in der Welt begründet, denn „sonst würde Europa eine Genossenschaft der Armut bilden"[466]:

Hier ist auch ein Gesichtspunkt zu finden, der durch die zunehmende Verschlechterung der Kriegslage in die außenpolitischen Vorstellungen Goerdelers und Kreisaus einging – nämlich der Machtgewinn, den die USA und die UdSSR nach diesem Krieg verbuchen würden. Die Furcht vor einer Ausdehnung des sowjetischen Einflusses wurde schon beschrieben. Goerdeler wies zwar den Gedanken, Amerika wolle in Europa „festen Fuß" fassen als „Märchen" zurück.[467] Diese Äußerung zeigt jedoch, dass er sich mit dem Problem einer langfristigen Präsenz der USA in Europa schon einmal befasst hatte. Die Kreisauer erkannten ebenfalls, dass England seine Hegemonialstellung, „die durch seine Seeherrschaft begründet war",[468] verlieren würde und sich zwischen Europa und Amerika entscheiden müsse: „Vom europäischen Standpunkt ist die Entscheidung für Europa erwünscht."[469] Außerdem müsse im europäischen Interesse vom Empire gerettet werden, was zu retten war, um Rohstoffmärkte zu sichern. Den Gegensatz zwischen den USA und der Sowjetunion sahen Goerdeler und die Kreisauer voraus. Dies war vor allem durch ihren Antikommunismus motiviert. Die Kreisauer hofften, dass England den Ausgleich zwischen der amerikanischen und russischen Machtstellung nach dem Krieg anstreben werde.[470] Aber es zeugt doch von einer erstaunlichen Weitsicht, welche Schlüsse die Kreisauer aus dieser Prognose zogen:

„Das Interesse Kontinental-Europas, seinen durch zwei blutige Kriege geschwächten Zustand weder einer revolutionären noch einer kriegerischen Ausei-

---

[466] Ebd.
[467] Friedensplan Goerdelers vom Herbst 1943. Ritter: Widerstandsbewegung, S. 574.
[468] Protokoll der 3. Kreisauer Tagung vom 12. bis 14. Juni 1943. Bleistein: Dossier, S. 266.
[469] Ebd.
[470] Ebd., S. 242f.

nandersetzung des amerikanischen und russischen Prinzips zum Opfer fallen zu lassen, weist darum in die gleiche Richtung wie die angedeutete Grundlinie der britischen Außenpolitik, wobei jedoch das Eigengewicht und die Eigenständigkeit der kontinental-europäischen Friedensgestaltung sehr wohl zum unentbehrlichen Fundament dieses weltpolitischen Ausgleichs werden könnte."[471]

Goerdeler wurde diese Sichtweise sicherlich von Trott vor Augen geführt. Dieser könnte ihm auch das Protokoll der Junitagung 1943 gezeigt haben. In einer Denkschrift vom Herbst 1943 schrieb Goerdeler jedenfalls zum ersten Mal von der Notwendigkeit eines Zusammenschlusses der europäischen Völker zu einem Staatenbund.[472] War Goerdeler zu diesem bedeutenden Schritt durch den Einfluss der Kreisauer gelangt, oder hatte sich sein machtpolitischer Blickwinkel eines von Deutschland dominierten Europa unter dem Eindruck der äußeren Verhältnisse zu einer den Umständen angemessenen, also realpolitischen Einstellung geändert? Für die erste These würde sprechen, dass er in derselben Denkschrift einen Vorschlag für den Prozess eines möglichen Zusammenschlusses und dessen Verfassung machte. Dieser Vorschlag könnte genau so einem der Kreisauer Dokumente entnommen worden sein. Doch bevor auf diese Frage eine mögliche Antwort gegeben werden kann, sollen noch mögliche Einflüsse der Kreisauer unter ökonomischen und moralischen Kriterien betrachtet werden.

Goerdeler war seit Beginn seiner politischen Laufbahn sehr stark an ökonomischen Fragestellungen interessiert[473] und hatte mit der Argumentation vom wirtschaftlichen „Großraum" Europas die außenpolitischen Kon-

---

[471] Dokument Grundlagen einer Außenpolitik für die Nachkriegszeit vom Juni 1943. Ebd., S. 271.
[472] Friedensplan Goerdelers vom Herbst 1943. Ritter: Widerstandsbewegung, S. 575.
[473] So hatte er u.a. 1931/32 als „Reichskommissar für Preisüberwachung" unter Brüning gewirkt und war nach dessen Sturz als neuer Wirtschafts- und Arbeitsminister im Gespräch. Siehe Erich Kosthorst: Carl Friedrich Goerdeler, in: Lill, Oberreuter, (Hg.): 20. Juli – Porträts des Widerstands, Düsseldorf, Wien 1984, S. 185–218, S. 193.

zepte der Honoratioren beeinflusst. Von der Forderung nach dem Abbau der Zollgrenzen und nach der Zusammenarbeit beim Wiederaufbau Europas[474] kann der Schritt zur politischen Einheit innerhalb eines Bundesstaates nicht so groß gewesen sein. Hinsichtlich der ökonomischen Anforderungen der modernen Zeit war Goerdelers Denken im Sinne der Kreisauer schon lange Zeit „europäisiert". Wenn die Kreisauer schrieben: „Die wirtschaftliche Ordnung Europas ist die Voraussetzung für eine wirtschaftliche Friedensordnung der Welt, in der sich Europa durch Beteiligung am Welthandel eingliedert"[475], so stimmte dies sicherlich schon mit Goerdelers lang gehegter Grundüberzeugung überein. Eine andere Feststellung aus demselben Dokument, nämlich dass die europäische Wirtschaft von „überkommenen nationalstaatlichen Bindungen" befreit werden müsse, lehnte Goerdeler heftig ab. Dies beweist auch, dass Goerdeler das Protokoll gekannt haben muss, denn der Satz „Jedenfalls kann die Grundlage einer europäischen Gemeinschaft nur Freiheit und Selbständigkeit der Nationalstaaten in all ihren Entschlüssen sein"[476] folgte unmittelbar dem Vorschlag Goerdelers, ein europäisches Wirtschaftsministerium, eine europäische Wehrmacht und ein europäisches Außenministerium einzurichten. Diese Verfassungseinrichtungen sind wiederum fast wörtlich aus Kreisauer Denkschriften entnommen.

Wenn Goerdeler vom „europäischen Staatenbund" schrieb, dachte er immer an einen Zusammenschluss souveräner Staaten, die lediglich sicherheitspolitische und wirtschaftspolitische Kompetenzen an eine übernationale Instanz abzutreten hätten. Die europäische Union wollte er als Zweck-

---

[474] Friedensplan Goerdelers für die britische Regierung vom 30. Mai 1941. Ritter: Widerstandsbewegung, S. 569.
[475] Protokoll der 3. Kreisauer Tagung vom 12. bis 14. Juni 1943. Bleistein: Dossier, S. 275.
[476] Friedensplan Goerdelers vom Herbst 1943. Ritter: Widerstandsbewegung, S. 575.

bündnis, sozusagen als einen ewigen „Friedensbund", in dem „weder Deutschland noch eine andere Macht Vorherrschaft beansprucht"[477]. Im Festhalten an den Nationalstaaten zog Goerdeler gegenüber den Kreisauern eine Grenze, die er nie überschritt, und die eine völlige Annäherung an diese nie zuließ. Für die Kreisauer blieb immer die Unvereinbarkeit von souveränen Staaten und einer dauerhaften Friedensordnung ausschlaggebend, um unter dem „europäischen Staatenbund" etwas anderes zu verstehen als Goerdeler:

> „Die besondere Verantwortung und Treue, die jeder Einzelne seinem nationalen Ursprung, seiner Sprache, der geistigen und geschichtlichen Überlieferung seines Volkes schuldet, muß geachtet und geschützt werden. Sie darf jedoch nicht zur politischen Machtzusammenballung, zur Herabwürdigung, Verfolgung und Unterdrückung fremden Volkstums mißbraucht werden. Die freie und friedliche Entfaltung nationaler Kulturen ist mit der Aufrechterhaltung absoluter einzelstaatlicher Souveränität nicht zu vereinbaren. Der Frieden erfordert die Schaffung einer die einzelnen Staaten umfassenden Ordnung. Sobald die Beteiligung der Völker gewährleistet ist, muß den Trägern dieser Ordnung das Recht zustehen, auch von den Einzelnen Gehorsam, Ehrfurcht, notfalls auch den Einsatz von Leben und Eigentum für die höchste politische Autorität der Völkergemeinschaft zu fordern."[478]

Die Einstellung der Kreisauer beruhte auf einer tiefen inneren Überzeugung, die ihnen die Kraft gab, diese neue Idee einer europäischen Zukunft zu entwerfen. Während Goerdeler an seiner Grundidee von Europa festhielt, aber – bedingt durch die kritische Situation – auf einen Führungsanspruch Deutschlands innerhalb des europäischen Bundesstaates verzichtete. Bezüglich der Abtretung nationaler Souveränitätsrechte – er hielt noch bis kurz vor seiner Verhaftung daran fest, die europäischen Nationalstaaten

---

[477] Ebd., S. 570.
[478] Protokoll der 3. Kreisauer Tagung vom 12. bis 14. Juni 1943. Bleistein: Dossier, S. 271.

sollten sich nur der Souveränitätsrechte entäußern, „die auf den europäischen Staatenbund übergehen müssen, um seine Zwecke wirksam zu machen"[479] – war er aber dann doch bereit, soweit zu gehen, dass er sich neben einem Wirtschaftsrat und einem ständigen „Bundeskomitee" auch für eine Bundesversammlung aussprach.[480] Da sich Goerdeler nie eingehender mit einer europäischen Verfassung befasst hatte, ist hier ein Einfluss Kreisaus wahrscheinlich.

Auf der anderen Seite gab es auch bei den Kreisauern Modifizierungen von Moltkes ursprünglichem Europakonzept, wie es sich in seiner Denkschrift „Ausgangslage, Ziele und Aufgaben" von 1941 manifestierte. Sein Plan von der Aufteilung Europas in „historisch gewordene Selbstverwaltungskörper"[481] konnte sich nicht durchsetzen. So heißt es in den „Grundsätzen für die Neuordnung" vom August 1943: „Das Reich bleibt die oberste Führungsmacht des deutschen Volkes".[482] In den Kaltenbrunner-Berichten ist nachzulesen, dass es bezüglich der Frage, ob der Reichsbegriff beibehalten werden solle, zu heftigen Diskussionen des Goerdeler-Kreises mit Vertretern der Gewerkschaften, also Angehörigen des Kreisauer Kreises, gekommen sei.[483] Graml nimmt dies als Indiz dafür, dass die Gedankenwelt der Kreisauer „gleichsam im nationalen Sinne aufgeladen" worden sei.[484] Er bezeichnet Trott als denjenigen, „der solchen Einflüssen sicher am zugänglichsten"[485] gewesen sei. Es ist sicherlich richtig, dass Trott, der immer in Kontakt mit den Honoratioren stand, als außenpoliti-

---

[479] Goerdeler: Die Aufgaben deutscher Zukunft (1.–8. August 1944). Lipgens: Europa-Föderationspläne, S. 171.
[480] Ebd., S. 172.
[481] Roon: Neuordnung, S. 513.
[482] Ebd., S. 562.
[483] Bericht vom 10.10.1944, Kaltenbrunner-Berichte, S. 189.
[484] Graml: Vorstellungen, S. 135.
[485] Ebd. Im vorhergehenden Kapitel wurde die Annäherung von Trotts territorialen Forderungen an die der Honoratioren schon beschrieben.

scher Experte der Kreisauer während der Junitagung 1943 (an der übrigens kein einziger Gewerkschaftsvertreter teilnahm) entscheidenden Einfluss ausübte. Doch ist bei der Struktur des Kreisauer Kreises unwahrscheinlich, dass er keinerlei Unterstützung von den anderen Teilnehmern bekam. Moltkes radikale Ablehnung von Nationalstaaten fand wohl auch in Kreisauer Kreisen keine ungeteilte Zustimmung, unabhängig vom Einfluss der Honoratioren.

Eine nicht unwesentliche Rolle für die Änderungen in Goerdelers Konzepten dürften seine moralische Kriterien gespielt haben. Die Verbrechen der Nationalsozialisten in den besetzten Gebieten mussten den deutschen Führungsanspruch diskreditieren. 1943 schrieb Goerdeler in der geheimen Denkschrift an die Generalität, die außenpolitische Stellung des Reiches sei durch die planmäßige Ausrottung der Juden und andere Verbrechen in den besetzten Gebieten, „die niemand vor der Öffentlichkeit gutheißen kann, die öffentlich niemand verantworten wird und die dauernd als schwere Belastung auf unserer Geschichte ruhen werden",[486] ungeheuer erschwert worden. In „Der Weg" hieß es:

> „Über die Ungeheuerlichkeit der planmäßig und bestialisch vollzogenen Ausrottung der Juden ist kein Wort zu verlieren; daß aber die moralischen und politischen Wirkungen nicht einmal von der Außenpolitik in Rechnung gestellt wurden, kann man nur als Wahnsinn bezeichnen."[487]

Die Verbrechen der Nazis wurden von den Honoratioren durchaus ins außenpolitische Kalkül miteinbezogen. Auch wurde Kritik an der Art und Weise des „Anschlusses" Österreichs geübt.[488] Einen Sühnegedanken wie

---

[486] Geheime Denkschrift Goerdelers, für die Generalität bestimmt (26. März 1943). Ritter: Widerstandsbewegung, S. 587f.
[487] „Das Ziel" (Mai 1944). Schramm: Gemeinschaftsdokumente, S. 217.
[488] „[...] die Vereinigung Österreichs mit Deutschland [ist] ohne Feststellung des wahren Willens des österreichischen Volkes vor sich gegangen." Ebd., S. 210.

bei den Kreisauern hat es bei ihnen aber nicht gegeben. Soweit, dass sie die totale Niederlage und Besetzung Deutschlands vorsätzlich als notwendig erachteten, gingen die Honoratioren nicht. Inwieweit die Betroffenheit über die NS-Verbrechen bei Goerdeler zu Veränderungen in seinem außenpolitischen Denken beitrugen, ist nicht belegbar.

Zusammenfassend kann festgestellt werden, dass es für gegenseitige Beeinflussungen der Widerstandsgruppen Indizien gibt, aber keine Beweise. Eine Änderung seiner außenpolitischen Vorstellungen erschien Goerdeler sicherlich nicht nur aufgrund Kreisauer Einflüsse als notwendig. Durch die Kriegsführung Hitlers, seine Besatzungspolitik in den anderen europäischen Staaten und schließlich die Übermacht der Alliierten wurde seinen ursprünglichen Konzepten der Boden zunehmend entzogen, und so wurde die Modifizierung bestimmter außenpolitischer Vorstellungen für ihn zu einer Frage des politischen Überlebens Nachkriegsdeutschlands an sich. Er traf sozusagen eine realpolitische Entscheidung. Eine vollständige „Wandlung" Goerdelers gab es nie. Zu sehr fühlte er sich der Vorstellung des Reichbegriffes und der nationalstaatlichen Tradition des 19. Jahrhunderts verpflichtet. Die aus Goerdelers Sicht an seinem Konzept vorgenommenen Konzessionen sollten letztlich wohl vor allem dazu dienen, die Substanz des Deutschen Reiches zu erhalten.

Trotz aller Unterschiede in den außenpolitischen Vorstellungen darf nicht vergessen werden, dass beide Gruppen auch Gemeinsamkeiten hatten. Vor allem diese: die Schaffung einer dauerhaften europäischen, später dann weltweiten Friedensordnung, in der Deutschland einen nützlichen Platz finden sollte. So ist Goerdelers Satz „Dieser Krieg muß zu einem engen Zusammenschluß der europäischen Völker führen, wenn die Opfer einen

Sinn erhalten sollen"[489] in diesem Sinne wie ein Vermächtnis des deutschen Widerstandes im Umkreis des 20. Juli.

---

[489] Goerdeler, Denkschrift von Anfang 1944, Praktische Maßnahmen zur Umgestaltung Europas. Lipgens: Europa-Föderationspläne, S. 171.

7. Schlussbetrachtung

Die außenpolitischen Entwürfe der Honoratioren waren im Grunde immer an den Maßstäben ausgerichtet, welche die europäische Staatengeschichte sowie der preußisch-deutsche Nationalstaat Bismarckscher Herkunft als Verpflichtungen und Belastungen überliefert hatten. Jede Identifizierung der Widerständler mit Hitlers außenpolitischem „Programm" verbietet sich deshalb aus offensichtlichen Gründen, obwohl in der Frühphase des Krieges durch Hitler die seit Jahren gehegten außenpolitischen Konzepte einer kompletten Revision der Versailler Verträge und Schaffung einer neuen Großmachtstellung des Reiches eigentlich überfüllt wurden.

Trotz dieser Erfolge wussten Honoratioren und Kreisauer gleichermaßen, dass ein rein auf Gewalt und Unterdrückung basierendes „Großdeutsches Reich", das auch in dieser Form mit ihren Vorstellungen nicht übereinstimmte, weder gehalten werden konnte noch durfte. Ihnen schwebte in ihrer Idee vom „Reich als europäische Ordnungsmacht"[490] eine friedliche, auf die ihrer Ansicht nach „natürlichen Gegebenheit" des deutschen Übergewichts beruhende Vormachtstellung Deutschlands vor. Graml stellt treffend fest: „Nicht von Hitler, aber von der Kraftentfaltung Deutschlands verführt, haben sie das Reich einen Augenblick lang als europäischer Führungs- und Ordnungsmacht gesehen, Deutschland mit Preußen und Europa mit Deutschland verwechselnd."[491]

Ohne die Berücksichtigung des „Bismarckschen Grundgefühls" der Honoratioren können deren außenpolitische Vorstellungen und Konzepte

---

[490] Hildebrand: Vorstellungen, S. 232.
[491] Graml: Vorstellung, S. 138.

nicht verstanden werden. Nur so kann nachvollzogen werden, dass Hitler und die Honoratioren unter dem Begriff „Großdeutsches Reich" objektiv dasselbe verstanden, nämlich Deutschland in den Grenzen von 1914 einschließlich Österreichs und des Sudetenlands, aber subjektiv fundamental unterschiedliche Vorstellungen damit verbanden.

Die Hillgrubersche These von der Kontinuität der deutschen Außenpolitik kann aus dieser Sicht durchaus auf Hitler und die Honoratioren übertragen werden. Während Hitler jedoch radikal mit allen außenpolitischen Traditionen brach, hielten die Honoratioren verzweifelt daran fest. Bei den Honoratioren kann also durchaus von einer „konservativen Kontinuität" gesprochen werden. Zu Beginn des Krieges konnten sie zumindest ihre territorialen Forderungen durch Hitler befriedigt sehen. An der moralischen Verwerflichkeit von Hitlers Rassekrieg im Osten haben sie nie gezweifelt. Nur zu bald mussten auch die Honoratioren erkennen, dass Hitlers Krieg „ihr" Deutsches Reich in den Abgrund führen musste. Dies führte zu dem tragischen Widerspruch zwischen nationalen Interessen und der bitteren Erkenntnis, dass die in deutschem Namen verübten Verbrechen alle Führungsansprüche in Europa zunichte machten.

Anders als Hitler, dessen Programm auf „Weltmacht oder Untergang" abzielte, waren die Honoratioren in ihren außenpolitischen Vorstellungen jedoch entwicklungsfähig. Vor allem ihr Antikommunismus wurde zur Grundmotivation ihrer außenpolitischen Entwicklung. Neben der Erkenntnis, gegenüber einer überlegenen Allianz von Kriegsgegnern höchstens noch einen einigermaßen annehmbaren Frieden herausschlagen zu können – auch dabei wollten sie zunächst nur politische Konzessionen machen, keine territorialen – gab die Furcht vor Stalins Sowjetunion den Ausschlag für eine Europäisierung ihrer Konzepte im Sinne Kreisauers. Der Zusammenschluss aller europäischen Staaten erschien ihnen unter diesem Aspekt sinnvoll. Ja, er war ihrer Meinung nach lebensnotwendig, um sich gegen die Sowjetunion und ganz allgemein in der veränderten Nachkriegswelt zu behaupten. Denn dieser Krieg hat deutlich gemacht, dass neben dem Britischen Empire zukünftig die zwei neuen „Supermächte" USA und UdSSR auf der Weltbühne eine wichtige Rolle spielen würden.

Der Traum eines „Gleichgewichts durch Hegemonie", der Außerkraftsetzung des traditionellen Mächtekonzerts, in dem das Deutsche Reich ihrer Meinung nach bisher immer zu kurz gekommen war, konnte spätestens 1942 also nicht mehr verwirklicht werden. Daraus zogen die Honoratioren schweren Herzens ihre Schlussfolgerungen. Wie Graml treffend bemerkt, lag ihre Tragik darin, dass gerade dann, als sie sich Europa wieder nähern wollten, Europa sich vor ihnen zurückzog, sie aber glaubten, ohne die Hilfe Europas nicht handeln zu können.[492] Denn Hitlers Krieg und seine Besatzungspraxis hatten Deutschland in einer Weise bei den anderen europäischen Staaten diskreditiert, dass diese selbst die Aussicht auf den riesigen Machtzuwachs der Sowjetunion in Europa nicht mehr an die Seite Deutschlands bringen konnte.

Die Kreisauer hatten dagegen immer im Europa der Zukunft gelebt. Ihre Vorstellungen und Konzepte zielten darauf ab, den „Teufelskreis der europäischen Machtpolitik"[493] zu sprengen und das überkommene System der letztlich doch immer vergeblich verlaufenden Bemühungen um Zähmung sowie Abbau der Macht in Form von Bündnis- und Gleichgewichtskonstruktionen ein für allemal hinter sich zu lassen. Um dieses Ziel zu er-

---

[492] Ebd.
[493] Hildebrand: Vorstellungen, S. 231.

reichen waren sie bereit, auch in territorialer Hinsicht einen hohen Preis zu zahlen. Moltke entwarf auf der Grundlage dieser Vorstellungen eine radikale Staatstheorie, die auf eine völlige Eliminierung der europäischen Nationalstaaten hinauslief. Der Staat hatte in diesem Gebilde lediglich noch eine Verwaltungsfunktion, zumal der Einzelne innerhalb von „kleinen Gemeinschaften" am Gemeinwohl mitwirken konnte. Wenn auch diese Staatstheorie utopisch sein musste und sich in dieser radikalen Form im Kreisauer Kreis nicht durchsetzen konnte, so konnte Moltke doch frei von „nationalem Ballast", der die Honoratioren fast bis zuletzt doch noch auf einen Ausweg aus der nahenden Katastrophe hoffen ließ, die außenpolitische Lage richtig – und das hieß pessimistisch – einschätzen. Aber von „Pessimismus" kann hier eigentlich gar nicht gesprochen werden, denn eine Niederlage Deutschlands konnte ja erst das Machtvakuum in Europa schaffen, das nötig war, um die im Kreisauer Sinne überkommene europäische nationalstaatliche Ordnung durch eine neue, föderale zu ersetzen.

Auch die Kreisauer waren davon überzeugt, dass sich die Mächtekonstellation der Welt nach diesem Krieg verändern würde. Sie sahen zwar eine Schwächung der englischen Machtposition voraus, setzten aber auf eine enge Verbindung zu Großbritannien, das zwar nicht in die europäische Föderation aufgenommen werden sollte, mit dem sie aber eng zusammenarbeiten wollten. Hier sahen Moltke und Trott die Zukunft des Empires bei Weitem zu optimistisch. Ihre Einstellung gegenüber der Sowjetunion war ablehnend, und die Befürchtung, die Rote Armee könnte vor den westlichen Alliierten Deutschland besetzen, bewegte schließlich auch die Kreisauer dazu, den westlichen Alliierten eine Teilkapitulation anzubieten.

Das Europakonzept der Kreisauer hatte sich seit Beginn des Krieges nicht mehr wesentlich verändert. Wie die Honoratioren bauten sie auf eine westliche Wertegemeinschaft. Anders als diese wollten sie jedoch auf deren Grundlage eine christlich-soziale Neuordnung aufbauen. Die konservativen Honoratioren fürchteten naturgemäß solch einen radikalen Schnitt, der ihrer Meinung nach zu einer „Revolutionierung" der bestehenden Ordnung geführt hätte. Doch musste auch ihnen klar werden, dass nach diesem Krieg einschneidende Veränderungen für Deutschland folgen würden. Wenn sie auch schließlich das Reich verloren geben mussten, so konnten sich aber weder die Honoratioren noch die Kreisauer vorstellen, wie total die Niederlage Deutschlands sein würde.

Ganz am Ende stellt sich schließlich die Frage, wie realistisch oder unrealistisch die außenpolitischen Konzepte des Widerstandes im Umkreis des 20. Juli waren. Ihre Konzepte lediglich als intellektuelle Übungen und „Schreibzwang" zu bezeichnen, wie Martin es tut, welche sie von ihrem eigentlichen Ziel der Beseitigung Hitlers abgehalten habe, geht eindeutig zu weit.[494]

Abgesehen davon, was es bedeutete, unter den Bedingungen des Nationalsozialismus den Mut und die Kraft aufzubringen, an solchen Konzepten über Jahre hinweg zu arbeiten und sie zu entwickeln, wäre wohl jede beliebige außenpolitische Konzeption in Deutschland am Ende des Zweiten Weltkriegs unrealistisch gewesen.

Unrealistisch war besonders die Hoffnung, die Besetzung Deutschlands verhindern zu können. Da dessen Eigenstaatlichkeit nach dem Krieg für lange Zeit zuerst völlig eliminiert und dann sehr eingeschränkt war, und

---

[494] Martin: Versagen, S. 1054.

die Deutschen somit keinerlei Einfluss auf eine europäische Nachkriegsordnung hatten, ist die Frage nach den Realisierungsmöglichkeiten eigentlich falsch gestellt. Denn die Vorstellungen und Konzepte der Honoratioren und Kreisauer basierten auf der Eigenstaatlichkeit Deutschlands. Diese sollte dann nach dem Willen der Kreisauer zugunsten eines europäischen Bundesstaats freiwillig aufgegeben werden, während die Honoratioren lediglich bestimmte Souveränitätsrechte abtreten wollten. Voraussetzung für diesen Plan blieb aber stets der Sturz Hitlers. Das Scheitern dieses Vorhabens ließ auch alle anderen Pläne Makulatur werden.

Die außenpolitischen Konzeptionen und Vorstellungen konnten nie in der Realität erprobt werden. Doch spiegeln sich deren Ansätze auch im Erkenntnisprozess anderer Nationen wieder: nämlich die Entwicklung zur europäischen Föderation unter Beibehaltung des nationalstaatlichen Prinzips.

8. Quellen- und Literaturverzeichnis

Quellen

Aster, Sidney (Hg.): A.P. Young. Die X-Dokumente. Die geheimen Kontakte Carl Goerdelers mit der britischen Regierung 1938/1939. München/Zürich 1989.

Bleistein, Roman (Hg.): Dossier: Kreisauer Kreis. Dokumente aus dem Widerstand gegen den Nationalsozialismus, Frankfurt a. Main 1987.

Eade, Charles (Hg.): Winston S. Churchill. Reden 1944, Bd. 5, Zürich 1949.

Fischer, Fritz: Griff nach der Weltmacht, 4. Aufl., Düsseldorf 1971.

Hassell, Ulrich von: Die Hassell-Tagebücher 1938–1944. Aufzeichnungen vom Andern Deutschland, hg. v. Friedrich Freiherr Hiller von Gaertringen, 3. durchges. Aufl., Berlin 1989.

Hassell, Ulrich von: Im Wandel der Außenpolitik, München 1939.

Hillgruber, Andreas (Hg.): Staatsmänner und Diplomaten bei Hitler. Vertrauliche Aufzeichnungen über Unterredungen mit Vertretern des Auslandes 1939–1944, 2 Bde, Frankfurt a. Main 1967 u. 1970.

Hitler, Adolf: Mein Kampf, 68. Aufl., München 1933.

Jäckel, Eberhardt u. Axel Kuhn (Hg.): Hitler. Sämtliche Aufzeichnungen 1905–1924, Stuttgart 1980.

Jacobsen, Hans-Adolf (Hg.): Spiegelbild einer Verschwörung. Geheime Dokumente aus dem ehemaligen Reichssicherheitshauptamt, 2 Bde, Stuttgart 1984.

Krause, Friedrich (Hg.): Goerdelers Politisches Testament. Dokumente des Anderen Deutschland, New York 1945.

Lipgens, Walter (Hg.): Europa-Förderationspläne der Widerstandsbewegung 1940–1945 (Schriften des Forschungsinstituts der deutschen Gesellschaft für Auswärtige Politik e.V. 26), München 1968.

Moltke, Helmuth James von: Briefe an Freya 1939–1945, hg. v. Beate Ruhm von Oppen, München 1988.

Roon, Ger van (Hg.):	Helmuth Graf von Moltke. Völkerrecht im Dienste der Menschen. Dokumente, Berlin 1986.
Scholder, Klaus (Hg.):	Die Mittwochsgesellschaft. Protokolle aus dem geistigen Deutschland 1932 bis 1944, Berlin 1983.
Schramm, Wilhelm Ritter von (Hg.):	Beck und Goerdeler. Gemeinschaftsdokumente für den Frieden 1941–1944, München 1965.
Schwerin, Detlef Graf von:	Die Jungen des 20. Juli 1944, Berlin 1991.
Ders.:	Dann sind's die besten Köpfe, die man henkt, München 1991.
Speidel, Hans (Hg.):	Ludwig Beck. Studien, Stuttgart 1955.
Trevor-Roper, Hugh R. u. André François-Poncet (Hg.):	Hitlers Politisches Testament, Hamburg 1981.
Weinberg, Gerhard L. (Hg.):	Hitlers Zweites Buch. Ein Dokument aus dem Jahr 1928, eingeleitet und kommentiert v. Gerhard L. Weinberg (Quellen und Darstellungen zur Zeitgeschichte), Stuttgart 1961.

Literatur

Altgeld, Wolfgang:	Der Spanische Bürgerkrieg und die Entwicklung der Achse Berlin–Rom, in: Günther Schmigalle (Hg.): Der Spanische Bürgerkrieg, Frankfurt a. Main 1986, S. 55-79.
Arendt, Hannah:	Eichmann in Jerusalem. Ein Bericht von der Banalität des Bösen, München 1964.
Dies.:	Elemente und Ursprünge totaler Herrschaft, 2. Aufl., München/Zürich 1991.
Asendorf, Manfred:	Ulrich v. Hassells Europakonzeption und der Mitteleuropäische Wirtschaftstag, in: Jahrbuch des Instituts für deutsche Geschichte 7 (1978), S. 387–419.

Balfour, M., J. Frisby, F. von Moltke:	Helmuth James Graf von Moltke 1907-1945, Berlin 1984.
Bell, George K.A.:	Die Ökumene und die deutsche Opposition, in: VZG 5 (1957), S. 362–378.
Benz, Wolfgang u. Graml, Hermann:	Sommer 1939. Die Großmächte und der europäische Krieg (Sondernummer Schriftenreihe der Vierteljahreshefte für Zeitgeschichte), Stuttgart 1979.
Benz, Wolfgang u. Pehle, Walter H. (Hg.):	Lexikon des deutschen Widerstands, Frankfurt a. Main 1994.
Bethge, Eberhard:	Adam von Trott und der deutsche Widerstand, in: VZG 11 (1963), S. 213–223.
Blasius, Rainer A.:	Für Großdeutschland – gegen den großen Krieg. Staatssekretär Ernst Frhr. von Weizsäcker in den Krisen um die Tschechoslowakei und Polen 1938/39, Köln/Wien 1981 (Diss.).
Boveri, Margret:	Der Verrat im 20. Jahrhundert, 4 Bde, Hamburg 1956.
Breit, Gotthard:	Das Staats- und Gesellschaftsbild deutscher Generale beider Weltkriege im Spiegel ihrer Memoiren, Boppard 1973.
Breyer, Richard:	Carl Goerdeler und die deutsche Ostgrenze, in: Zeitschrift für Ostforschung 13 (1964), S. 198–208.
Broszat, Martin:	Der Nationalsozialismus. Weltanschauung, Programmatik und Wirklichkeit (Schriftenreihe der Niedersächsischen Landeszentrale für Politische Bildung 8), Hannover 1960.
Ders.:	Betrachtungen zu Hitlers „Zweitem Buch", in: VZG 9 (1961), S. 417–429.
Ders.:	Der Staat Hitlers (dtv-Weltgeschichte des 20. Jahrhunderts), 11. Aufl., München 1986.
Broszat, Martin u. H. Möller (Hg.):	Das Dritte Reich – Herrschaftsstruktur und Geschichte, München 1983.
Broszat, Martin u. Schwabe, Klaus (Hg.):	Die deutschen Eliten und der Weg in den Zweiten Weltkrieg, München 1989.

Bücheler, Heinrich:	Generaloberst Erich Hoepner und die Militäropposition gegen Hitler (Gedenkstätte Deutscher Widerstand Berlin, Beiträge zum Widerstand 1933–1945, Heft 9), 3. Aufl., Berlin 1985.
Dehio, Ludwig:	Deutschland und die Weltpolitik im 20. Jahrhundert, München 1955.
Dieckmann, Hildemarie:	Johannes Popitz. Entwicklung und Wirksamkeit in der Zeit der Weimarer Republik (Schriften zur europäischen Geschichte aus dem Friedrich-Meinecke-Institut, Bd.4), Berlin 1960.
Dilks, David N. (Hg.):	Retreat from Power. Studies in Britian's foreign Policy of the Twentieth Century, London 1981.
Dipper, Christof:	Der deutsche Widerstand und die Juden, in: GG 9 (1983), S. 349–380.
Dulles, Allen Welsh:	Germany's Underground, New York 1947.
Europäische Publikation e.V. (Hg.):	Vollmacht des Gewissens, 2 Bde, 2. Aufl., Frankfurt a. Main/Berlin 1965.
Fest, Joachim:	Staatsstreich – Der lange Weg zum 20. Juli, Berlin 1994.
Fischer, Fritz:	Weltmacht oder Niedergang. Deutschland im Ersten Weltkrieg (Hamburger Studien zur neueren Geschichte 1), Frankfurt a. Main 1965.
Fleischhauer, Ingeborg:	Die Chance des Sonderfriedens: Deutsch-sowjetische Geheimgespräche 1941–1945, Berlin 1986.
Dies.:	Diplomatischer Widerstand gegen „Unternehmen Barbarossa". Die Friedensbemühungen der Deutschen Botschaft in Moskau 1939-1941, Berlin 1991.
Foerster, Wolfgang:	Generaloberst Ludwig Beck. Sein Kampf gegen den Krieg, München 1953.
Fraenkel, Ernst:	Der Doppelstaat, Frankfurt a. Main/Köln 1974.
Gisevius, Hans Bernd:	Bis zum bittern Ende, 2 Bde, Hamburg 1947.
Goldman, Aaron:	Germans and Nazis: The Controversy over "Vansittartism" in Britain during the Second World War, in: Journal of Contemporary History 14 (1979), S. 155–191.

Graml, Hermann:	Der Fall Oster, in: VZG 14 (1966), S. 26-39.
Haffner, Sebastian:	Anmerkungen zu Hitler, Sonderausgabe, Frankfurt a. Main 1992.
Hassell, Johann Dietrich von:	Verräter? Patrioten! Der 20. Juli 1944 (Dokumente zur Zeitgeschichte 3), Köln 1946.
Ders, [Pseudonym: Christian Augustin]:	Untergang des Abendlandes?, in: Monatshefte f. Auswärtige Politik 8 (August 1941), S. 599–613.
Ders.:	Europäische Lebensfragen im Lichte der Gegenwart, Berlin o.J. [1943].
Ders.:	Zwei Schwestern, in: Monatshefte f. Auswärtige. Politik (Juni 1943), S. 565–572.
Ders.:	Das Ringen um den Staat der Zukunft, in: Schweizer Monatshefte 44 (1964/65), S. 313–327.
Heideking, Jürgen u. Christof Mauch:	Das Herman-Dossier. Helmuth James Graf Moltke, die deutsche Emigration in Istanbul und der amerikanische Geheimdienst Office of Strategic Services (OSS), in: VZG 40 (1992), S. 567–623.
Dies.:	Geheimdienstkrieg gegen Deutschland. Subversion, Propaganda und Nachkriegsplanungen des OSS im Zweiten Weltkrieg, Göttingen 1993.
Hildebrand, Klaus:	Deutsche Außenpolitik 1933–1945. Kalkül oder Dogma?, 2. Aufl., Stuttgart 1973.
Ders.:	Hitlers „Programm" und seine Realisierung 1939-1942, in: Manfred Funke (Hg.): Hitler, Deutschland und die Mächte, Düsseldorf 1977, S. 63–93.
Ders.:	Die ostpolitischen Vorstellungen im deutschen Widerstand, in: GWU 29 (1978), S. 213–241.
Hillgruber, Andreas:	Grundzüge der nationalsozialistischen Außenpolitik 1933–1945, in: Saeculum 24 (1973), S. 328–345.
Ders.:	Deutsche Großmacht und Weltpolitik im 19. und 20. Jahrhundert, Düsseldorf 1977.

Ders.:	Deutschlands Rolle in der Vorgeschichte der beiden Weltkriege, 2. erg. Auflage, Göttingen 1979.
Hoffmann, Peter:	Widerstand – Staatsstreich – Attentat. Der Kampf der Opposition gegen Hitler, München 1969.
Ders.:	Generaloberst Ludwig Becks militärpolitisches Denken, in: HZ 234 (1982), S. 101–121.
Ders.:	Colonel Claus v. Stauffenberg in the German Resistance against Hitler: Between East and West, in: Historical Journal 31 (1988), S. 629-650.
Jacobsen, Hans-Adolf:	Nationalsozialistische Außenpolitik 1933–1938, Frankfurt a. Main/Berlin 1968.
Ders. (Hg.):	20. Juli 1944. Die deutsche Opposition gegen Hitler im Urteil der Ausländischen Geschichtsschreibung. Eine Anthologie, Bonn 1969.
Ders.:	Mißtrauische Nachbarn. Deutsche Ostpolitik 1919/1970. Dokumentation und Analyse, Düsseldorf 1970.
Ders. (Hg.):	Zur Struktur der NS-Außenpolitik 1933-1945, in: Manfred Funke: Hitler, Deutschland und die Mächte, Düsseldorf 1978.
Jäckel, Eberhardt:	Hitlers Weltanschauung – Entwurf einer Herrschaft, erw. und überarb. Neuauflage, Stuttgart 1981.
Kettenacker, Lothar (Hg.):	Das „Andere Deutschland" im Zweiten Weltkrieg (Veröffentlichungen des Deutschen Historischen Instituts London 2), Stuttgart 1977.
Ders.:	Preußen in der alliierten Kriegszielplanung, 1939–1947, in: L. Kettenacker, M. Schenkel, H. Seier (Hg.): Studien zur Geschichte Englands und der deutsch-britischen Beziehungen. Festschrift für Paul Kluke, München 1981, S. 312–340.
Klemperer, Klemens von:	Die verlassenen Verschwörer. Der deutsche Widerstand auf der Suche nach Verbündeten 1938–1945, Berlin 1994.
Kleist, Peter:	Zwischen Hitler und Stalin 1939–1945: Aufzeichnungen, Bonn 1950.

Koch, H.W.:	The Spectre of a Separate Peace in the East: Russo-German Peace-Feelers 1942–1944, in: Journal of Contemporary History 10 (1975), S. 531–549.
Krüger, Gerhard:	Um den Reichsgedanken, in: HZ 165 (1942), S. 457–471.
Kuhn, Axel:	Hitlers außenpolitisches Programm – Entstehung und Entwicklung 1919–1939 (Stuttgarter Beiträge zur Geschichte und Politik, Bd.5), Stuttgart 1970.
Lamb, Richard:	The Ghosts of Peace 1935–1945, The Chantry u.a. 1987.
Leber, Annedore u. Moltke, Freya v.:	Für und Wider. Entscheidungen in Deutschland 1918–1945, Berlin/Frankfurt a. Main 1961.
Lindgren, Hendrik:	Adam von Trotts Reisen nach Schweden 1942–1944, in: VZG 18 (1970), S. 274–291.
Lipgens, Walter:	European thought in the Political Thought of Resistance Movements during World War II, in: Central European History 1 (1968), S. 5–9.
Loth, Wilfried:	Die Deutschen und das Projekt der europäischen Einigung, in: Wolfgang J. Mommsen (Hg.): Der lange Weg nach Europa, Berlin 1992, S. 39ff.
Malone, Henry O.:	Adam von Trott zu Solz. Werdegang eines Verschwörers 1909–1938, Berlin 1986.
Martin, Bernd:	Friedensinitiativen im Zweiten Weltkrieg, Freiburg i. Breisgau 1972.
Mastny, Vojtech:	Stalin and the Prospects of a Separate Peace in World War II, in: American Historical Review 77, 4–5 (1972), S. 1365–1388.
Meding, Dorothee v.:	Mit dem Mut des Herzens. Die Frauen des 20. Juli, Berlin 1992.
Meyer-Kramer, Marianne:	Carl Goerdeler und sein Weg in den Widerstand. Eine Reise in die Welt meines Vaters, Freiburg i. Breisgau 1989.
Mommsen, Hans:	Die Realisierung des Utopischen: Die Endlösung der Judenfrage im „Dritten Reich", in: GG 9 (1983), S. 381–420.

Ders.:	Gesellschaftsbild und Verfassungspläne des deutschen Wiederstandes, in: Hermann Graml (Hg.): Widerstand im Dritten Reich – Probleme, Ereignisse, Gestalten, 2. Aufl., Frankfurt a. Main 1984.
Müller, Klaus-Jürgen:	Das Heer und Hitler. Armee und nationalsozialistisches Regime 1933–1940 (Beiträge zur Militär- und Kriegsgeschichte, Bd.10), Stuttgart 1969.
Ders.:	Staat und Politik im Denken Ludwig Becks, in: HZ 215 (1972), S. 607–631.
Ders.:	Ludwig Beck. Probleme seiner Biographie, in: MGM 11 (1972), S. 167–175.
Ders.:	Ludwig Beck – ein General zwischen Wilhelmismus und Nationalsozialismus, in: Imanuel Geiss u. Bernd-Jürgen Wendt (Hg.): Deutschland in der Weltpolitik des 19. und 20. Jahrhunderts, Düsseldorf 1973.
Ders.:	General Ludwig Beck. Studien und Dokumente zur politisch-militärischen Vorstellungswelt und Tätigkeit des Generalstabschefs des deutschen Heeres 1933–1938 (Schriften des Bundesarchivs 30), Boppard am Rhein 1980.
Ders.:	Militärpolitik, nicht Militäropposition! Eine Erwiderung, in: HZ 235 (1982), S. 355–371.
Ders.:	Der deutsche Widerstand und das Ausland (Gedenkstätte Deutscher Widerstand Berlin, Beiträge zum Widerstand 1933–1945, Heft 29), Berlin 1986.
Ders.:	Witzleben – Stülpnagel – Speidel – Offiziere im Widerstand (Gedenkstätte Deutscher Widerstand Berlin, Beiträge zum Widerstand 1933–1945, Heft 7), Berlin 1988.
Ders.:	20. Juli 1944: Der Entschluß zum Staatsstreich (Gedenkstätte Deutscher Widerstand Berlin, Beiträge zum Widerstand 1933–1945, Heft 27), 2. Aufl., Berlin 1989.
Nolte, Ernst:	Der Faschismus in seiner Epoche, 8. Aufl., München /Zürich 1990.
Ritter, Gerhard:	Carl Goerdeler und die deutsche Widerstandsbewegung, Stuttgart 1954.

Robertson, Esmonde:	Zur Wiederbesetzung des Rheinlandes 1936, in: VfZG 10 (1962), S. 178-205.
Rönnefarth, Helmuth K.G.:	Die Sudetenkrise in der internationalen Politik. Entstehung, Verlauf, Auswirkung, 2 Bde, Wiesbaden 1961.
Roon, Ger van:	Neuordnung im Widerstand. Der Kreisauer Kreis innerhalb der deutschen Widerstandsbewegung, München 1967.
Ders.:	Graf Moltke als Völkerrechtler im OKW, in: VZG 18 (1970), S. 12–61.
Ders.:	Widerstand im Dritten Reich. Ein Überblick, 4. neubearb. Aufl., München 1987.
Ders.:	Der Kreisauer Kreis zwischen Widerstand und Umbruch (Gedenkstätte Deutscher Widerstand Berlin, Beiträge zum Widerstand 1933–1945, Heft 26), 2. überarb. Aufl., Berlin 1988.
Rothfels, Hans:	Zwei außenpolitische Memoranden der deutschen Opposition (Frühjahr 1942), in: VZG 5 (1957), S. 388–397.
Ders.:	Adam v. Trott und das State Department, in: VZG 7 (1959), S. 318–332.
Ders.:	Die deutsche Opposition gegen Hitler, 4., ungekürzte, stark rev. Auflage, Frankfurt a. Main)/Hamburg 1961.
Ders.:	Trott und die Außenpolitik des Widerstandes, in: VZG 12 (1964), S. 300–323.
Rumpf, Helmuth:	Mitteleuropa – Zur Geschichte und Deutung eines politischen Begriffs, in: HZ 165 (1942), S. 510–527.
Scheurig, Bodo:	Ewald von Kleist-Schmenzin. Ein Konservativer gegen Hitler, Oldenburg/Hamburg 1968.
Schieder, Theodor:	Zum Problem des Staatenpluralismus in der modernen Welt (Arbeitsgemeinschaft für Forschung des Landes Nordrhein-Westfalen. Geisteswissenschaften. Heft 157), Köln/Opladen 1969.
Schieder, Wolfgang (Hg.):	Erster Weltkrieg. Ursachen, Entstehung und Kriegsziele, (Neue Wissenschaftliche Bibliothek 32), Köln/Berlin 1969.

Schlabrendorff, Fabian v.:	Offiziere gegen Hitler, 3. verb. u. erg. Aufl., Zürich 1946.
Schlie, Ulrich:	Das Ausland und die deutsche Opposition gegen Hitler. Widerstandsforschung und politische Gegenwart seit 1945, in: MGM 52/1 (1993), S. 153–168.
Schmädeke, Jürgen u. Steinbach, Peter (Hg.):	Der Widerstand gegen den Nationalsozialismus. Die deutsche Gesellschaft und der Widerstand gegen Hitler, 3. Aufl., München /Zürich 1994.
Schöllgen, Gregor:	Wurzeln konservativer Opposition Ulrich von Hassells und der Übergang von Kaiserreich zur Weimarer Republik, in: GWU 38 (1987), S.478ff.
Ders.:	Die Macht in der Mitte Europas. Stationen deutscher Außenpolitik von Friedrich dem Großen bis zur Gegenwart, München 1992.
Ders.:	Ulrich von Hassell 1881–1944. Ein Konservativer in der Opposition, München 1990.
Schramm, Wilhelm Ritter v.:	Goerdelers großes Ostprogramm, in: Der europäische Osten 10 (1964), S. 270–277.
Ders.:	Zur außenpolitischen Konzeption Becks und Goerdelers, in: Aus Politik und Zeitgeschichte (Beilage zu „Das Parlament") 29 (1964), S. 29–45.
Schultz, Hans Jürgen (Hg.):	Der Zwanzigste Juli. Alternative zu Hitler?, Stuttgart/Berlin 1974.
Schulz, Gerhard:	Nationalpatrioismus im Widerstand. Ein Problem der europäischen Krise und des Zweiten Weltkriegs – nach vier Jahrzehnten Widerstandsgeschichte, in: ZfG 32 (1984), S. 331–372.
Sykes, Christopher:	Troubled Loyality. A biography of Adam von Trott zu Solz, London 1968.
Thies, Jochen:	Architekt der Weltherrschaft. Die „Endziele" Hitlers, Düsseldorf 1976.
Thun-Hohenstein, Remedio Galeazzo Graf v.:	Der Verschwörer. General Oster und die Militäropposition, Einl. v. Golo Mann, Berlin 1982.

Trevor-Roper, Hugh R.:	Hitlers Kriegsziele, in: VZG 8 (1960), S. 121-133.
Trott zu Solz, Adam v.:	Der Kampf um die Herrschaftsgestaltung im Fernen Osten, in: Zeitschr. f. ausländ. öffentl. Recht u. Völkerrecht IX-1 (1939), S. 264–283.
Trott zu Solz, Clarita v.:	Adam von Trott zu Solz. Eine Lebensbeschreibung. (Schriften der Gedenkstätte Deutscher Widerstand, Reihe B: Quellen und Berichte 2), Berlin 1994.
Wendt, Bernd-Jürgen:	München 1938. England zwischen Hitler und Preußen (Hamburger Studien zur Neueren Geschichte 3), Frankfurt a. Main 1966.
Ders.:	Deutschland in der Mitte Europas. Grundkonstellationen der Geschichte, in: Deutsche Studien 19 (1981), S. 220–239.
Ders.:	Konservative Honoratioren – eine Alternative zu Hitler? Englandkontakte des deutschen Widerstandes im Jahre 1938, in: Dirk Stegmann u.a. (Hg.): Deutscher Konservatismus im 19. und 20. Jahrhundert. Festschrift für Fritz Fischer, Bonn 1983, S. 347–367.
Wengler, Wilhelm:	Vorkämpfer der Völkerverständigung und Völkerrechtsgelehrte als Opfer des Nationalsozialismus: H.J. Graf von Moltke (1907–1945), in: Die Friedens-Warte 6 (1948), S.297–305.
Winterhagen, Wilhelm (Hg.):	Der Kreisauer Kreis. Porträt einer Widerstandsgruppe, Berlin/Mainz 1985.
Ziebura, G. (Hg.):	Grundfragen der deutschen Außenpolitik seit 1871, Darmstadt 1975.